Gert Walter

Handbuch

Naturbad Gartenteich

Widmung

Der Autor widmet dieses Buch der Österreichischen Naturschutzjugend.
Anlaß dafür ist ihr 50jähriges Bestehen. Mit dieser Widmung möchte der Autor
vor allem den vielen ehrenamtlichen Mitarbeiterinnen und Mitarbeitern während
dieser fünf Jahrzehnte höchste Wertschätzung entgegenbringen.
Die önj ist eine Organisation, die Kindern Naturerleben vermittelt und Jugendlichen
Wege aufzeigt, sich für die Natur zu engagieren.
Mit der Aktion „Schüler retten Naturlandschaften – ich helfe" wurden in nahezu
einem Vierteljahrhundert mit den Taschengeldspenden von Schülergenerationen
österreichweit 32 „Öko-Inseln" erworben. Diese Flächen – insgesamt über 110 Hektar –
bleiben als Naturräume für die Zukunft erhalten, dienen als „Natur-Lernorte" für die
heranwachsende Jugend, aber auch zur Bewußtseinsbildung und somit zum mahnenden
Denkanstoß der gesamten Bevölkerung. Grundlage jeder Öko-Insel ist ihre ökologische
Bedeutung für die Tier- und Pflanzenwelt von bedrohten und immer seltener werdenden
Naturräumen in unserer Kulturlandschaft.
Kontaktadresse: Hermann Steppeler, Höhenstr. 40, A-8301 Kainbach bei Graz,
Fax: 0043-(0)3133-8900, e-Mail: steppeler@aon.at

© 2003, bede-Verlag, Bühlfelderweg 12, D-94239 Ruhmannsfelden

e-mail: info@bede-Verlag.de; Internet: www.bede-verlag.de
Konzept der Reihe „Handbuch...", Herstellung und Gestaltung: bede-Verlag
Fachliche Durchsicht: Dr. Jürgen Schmidt, Ruhmannsfelden
Lektoratsassistenz und Fachunterstützung: Dipl.-Päd. Gerhard Ott, go-publishing, Flensburg,
www.go-publishing.de
Bildnachweis: Alle Fotos Gert Walter, sofern nicht anders angegeben.
Wir danken allen Spezialisten und Firmen, insbesondere Biotop Landschaftsgestaltung GmbH
e-mail: office@biotop-gmbh.at, für die freundliche Überlassung ihrer Dias und für ihre Beratung,
sowie auch jenen, die wir eventuell zu erwähnen vergessen haben.
Grafische Gestaltung: Gert Walter & Dr. Jürgen Schmidt/bede-Verlag

ISBN: 3-898 60-031-9
bede-Bestellnummer: GB 023

Inhaltsverzeichnis

Ansicht eines etwa 200 m² großen Gartenteichs.

Schon seit Jahrtausenden sind Wasserbecken und fließendes Wasser, zumeist in Palast- und Klostergärten, bekannt – uralte Gemälde, Stiche und Chroniken zeugen davon. Heute erleben Wasserbecken unter dem Namen „Biotope" eine großartige Renaissance. Es handelt sich meist um kleinere Zier- und naturnahe Gartenteiche, aber auch Schwimmteiche von manchmal beträchtlicher Größe beleben die Gärten.

Teiche faszinieren durch ihren Formenreichtum, verbunden mit der unglaublichen Vielfalt der Flora und Fauna, die in ihnen und um sie herum in Erscheinung tritt. Diese zunächst natürlichen, heute aber oft künstlich hergestellten Lebensräume – Biotope – stellen nicht nur einen Quell der Freude dar, son-

Naturnaher Gartenteich

Ein exquisit gestalteter Swimmingpool.

dern darüber hinaus sind es wichtige „Trittsteine" für unsere Natur. In unseren meist viel zu sterilen Gärten ist Wasser ein „Belebungsmittel" erster Güte. Aber auch das Umfeld, also die Gärten selbst, müssen Lebensräume, Rückzugsgebiete und Überwinterungsmöglichkeiten für Frosch & Co. bieten. Es muß genügend „Natur" vorhanden sein!

Worin unterscheiden sich nun Gartenteiche von Badeteichen? Im Prinzip handelt es sich ebenfalls um Gartenteiche, die um einen pflanzenfreien Schwimmbereich vergrößert sind. Die Planung von Badeteichen erfordert jedoch viel Können und Erfahrung,

aber auch technische Kenntnisse und das Verstehen biologischer Abläufe. Wer sich nur in einem chemisch behandelten, klaren und von Schwebstoffen und Algen weitgehend freien Wasser wohl fühlt, für den ist ein naturnaher Badeteich nicht geeignet. Womöglich kreuzt ein Teichmolch oder ein Wasserläufer die Bahn des Schwimmers und sorgt für Unbehagen. Für solche Menschen ist ein „Chemotümpel" mit großem Reinigungsaufwand und Betriebskosten das Richtige – also der klassische Swimmingpool. Wer jedoch gerne auf den feinen Chlorgeruch in der Nase und gerötete Augen verzichten will, und natürliches Wasser vor-

5

zieht, für den bietet sich ein „Swimmingteich" an. Außerdem sind Pflegeaufwand und Betriebskosten wesentlich geringer.

Und noch etwas: Ein Bade- oder Schwimmteich mit den entsprechenden Pflanzenzonen – Regenerationsbereichen – zur Klärung des Wassers, sieht zu jeder Jahreszeit gut aus. Auch wenn er nicht besonders gepflegt sein sollte, schauen Sie sich dagegen einen Swimmingpool nach vierzehn Tagen ohne Pflege an.

Seit mehr als zwanzig Jahren werden Badeteiche gebaut, nicht nur im privaten Bereich, sondern auch für den öffentlichen Badebetrieb in Gemeinden. Es gibt sehr viele Beispiele funktionierender Anlagen. Einige von ihnen möchte ich hier vorstellen und beschreiben. Ich möchte Anregungen und Empfehlungen geben, die aus jahrelanger Praxis stammen. Nicht jedes Detail kann hier aufgezeigt und besprochen werden, da es meist mehrere Möglichkeiten gibt, die zum Ziel führen – und außerdem würde es den Rahmen dieses Buchs sprengen. Sie sollen jedoch einen fundierten Überblick bekommen.

Badeteiche benötigen in Planung, Herstellung und Betrieb einige Erfahrung, dann „funktionieren" diese einwandfrei und stellen wertvolle Biotope für Menschen, Tiere und Pflanzen dar. Schwimmen mit Frosch & Co., Pflegemaßnahmen und Betriebskosten, die sich in Grenzen halten, und zu jeder

Jahreszeit ein Blickfang, das sind die Vorzüge im Vergleich zu herkömmlichen Swimmingpools. Abhängig von Platzangebot, Geschmack und finanziellem Rahmen ist prinzipiell fast alles möglich.

Für Beratung und Planung stehen Ihnen einschlägige Fachfirmen zur Verfügung, aber auch der Selbstbau von Badeteichen ist durchaus möglich. Erkundigen Sie sich jedoch auf jeden Fall genau. Machen Sie sich durch entsprechende Literatur und Gespräche mit Badeteichbesitzern schlau; diese geben meist bereitwillig Auskunft und auch Ihre Erfahrungen gerne weiter.

Dieses Buch wird Ihnen dabei helfen, den Entschluß zu fassen, sich Ihren „Traum" vom eigenen Badeteich im Garten leichter erfüllen zu können. Sie gewinnen auf jeden Fall: Badevergnügen im eigenen Garten, Natur in Hülle und Fülle vor der Haustür sowie diese beobachten und verstehen lernen.

Badeteich im Winter mit bizarren Eismustern.

Einleitung

Der Unterschied zwischen einem Naturteich, einem Gartenteich und einem Badeteich

Naturseen sind relativ abgeschlossene Lebensräume und ohne Zutun des Menschen entstanden, zum Beispiel Waldtümpel in Auegebieten. Natürliche Seen sind aber selten geworden. Viele wurden zugeschüttet, um landwirtschaftlich nutzbare Flächen zu gewinnen.

Gartenteiche, die künstlich angelegt werden, können besonders naturnah gestaltet und ausschließlich mit heimischen Pflanzen und Tieren besetzt werden. Diese sind dann Naturteichen sehr ähnlich. Künstlich angelegte Gartenteiche können aber auch als Zierteiche gestaltet werden, wie sie in der Natur nicht vorkommen. Denken Sie zum Beispiel an Japanische Wassergärten, aber auch kleinere Zierteiche im Bereich von Hausterrassen, eventuell mit Fontänen, Bachläufen und Wasserspeiern gestaltet. Es können aber auch spezielle Zierteiche sein, die besondere Funktionen zu erfüllen haben, wie etwa Koi-Teiche. Es können aber auch Becken für tropische Pflanzen wie Seerosen oder Papyrusstauden sein. Fast alles ist möglich und es gibt keine scharfen Grenzen.

Künstlich angelegte Badeteiche sind nun eine Kombination aus einem Gartenteich und einem pflanzenfreien Schwimmbereich. Es kann sich also um sehr natürlich wirkende Anlagen handeln, es kann aber auch mehr Wert auf Dekoration und „Design" gelegt werden, sie kann also auch wieder Zierteichcharakter haben. Ich erinnere hier auch an künstlich angelegte Teiche zur Nutzfischzucht, die oft nicht von Naturteichen zu unterscheiden sind und sich hervoragend zum Baden und Schwimmen eignen. Mitunter prägen sie ganze Landschaftsteile und geben ihnen einen besonderen Charakter.

Bade- oder Schwimmteiche haben einen größeren Platzbedarf als Garten- und vor allem kleinere Zierteiche. Es gibt jedoch keine generellen Normen zur Gestaltung – vieles ist möglich. Badeteiche müssen aber besondere Anforderungen erfüllen und sind daher nur von erfahrenen Fachleuten zu planen und auszuführen, um keine Enttäuschungen zu erleben. Es ist ja auch einiges Geld und Mühe im Spiel. Im Kapitel Beispiele werden Badeteiche in verschiedenen Größen vorgestellt, um Ihnen vielfältige Gestaltungsmöglichkeiten vorzustellen.

Ein direkt neben einer Terrasse plazierter Teich.

Einleitung

Ein natürlicher Tümpel im Frühjahr. Rohrkolben und Schilfbestände aus dem Vorjahr bieten Deckung für Nester von Stockenten.

Zusammenfassend kann festgehalten werden:
- Naturseen sind nicht von Menschen geschaffen. Sie sind von heimischen Pflanzen und Tieren besiedelt.
- Gartenteiche sind von Menschen künstlich angelegt. Sie können wie Naturteiche gestaltet werden, ebenfalls mit heimischen Pflanzen und Tieren. Oder als
- Zierteiche, die durchaus mit nicht heimischen Pflanzen und Tieren besetzt sein können. Hier stellt aber das mögliche Aussetzen von Tieren und Pflanzen in die freie Natur eine gewisse Gefahr dar, wie das Beispiel ungeliebter Nordamerikanischer Schmuckschildkröten in heimischen Naturseen belegt.
- Badeteiche im Garten – ebenfalls künstlich geschaffen –, die wiederum sehr natürlich wirken können oder mehr einem Zierteich nahe kommen können.

- Fischteiche sind ebenfalls fast immer künstlich angelegt. Sie können – wie schon erwähnt – Naturseen sehr nahe kommen und sind auch zum Schwimmen und Baden durchaus geeignet. Wenn es sich aber um einen schön gestalteten Teich für Koi handelt, so ist vom Schwimmen darin eher abzuraten.

Wie funktioniert nun ein Badeteich?

Denken Sie an ein Aquarium, einen Behälter mit Wasser, Pflanzen und Fischen, einen in sich abgeschlossener Lebensraum – also auch einen Biotop. Und wie Sie alle wissen, „funktionieren" Aquarien bei entsprechendem Wissen und Verständnis für die biologischen Kreisläufe nahezu problemlos. Natürlich geht es nicht ohne Pflege und Betreuung. Fast genauso verhält es sich bei einem Bade- oder Schwimmteich. Auch hier handelt es sich um einen eigenen Lebensraum – und es gilt einiges zu beachten.

Ein Laubfrosch, *Hyla arborea*, sonnt sich auf „seinem" Seerosenblatt.

Einleitung

Dieser Bade-
teich besitzt
üppige Pflan-
zenzonen.

Das Verhältnis Schwimmzone zu Pflanzenbereich muß mindestens 1 zu 1 betragen. Bei stärker frequentierten Badeteichen – private und vor allem öffentliche Teiche – muß die Pflanzenzone größer ausgelegt werden. Das Verhältnis wird dann 1 zu 2 bis 1 zu 3 und darüber sein. Denken Sie hier vergleichend an die Schilf- und Pflanzenzonen eines Sees. Diese Pflanzenzonen sind die Regenerationsbereiche des Badeteichs und bewirken die Reinigung und Klärung des Wassers. Daneben sind sie ein wesentliches „dekoratives" Element bei der Gestaltung. Wenn diese Verhältnisgrößen nicht erreicht werden, muß an eine zusätzliche mechanisch-biologisch wirkende Filterung des Wassers gedacht werden. Bei der Neuanlage von Garten- und Badeteichen, also nach der ersten Befüllung der Teiche, wird es zunächst unweigerlich zu verstärkter Algenbildung kommen. Algen sind einfache, ein- oder mehrzellige Pflanzenformen. Sie sind ein wichtiges Glied der „biologischen Nahrungskette". Algen sind zumeist Nährstoffanzeiger, wenn die im Wasser vorhandenen Nährstoffe verbraucht sind, stirbt die Mehrzahl der Algen rasch ab. Je mehr Nährstoffe – „Dünger" – sich also im Wasser befinden, desto mehr Algen wird es geben.

Daher ist ein nährstoffarmer Bodengrund für die Pflanzenzonen zu wählen. Mikroskopisch kleine Schwebealgen – wie beispielsweise Kugelalgen – werden als Phytoplankton bezeichnet und sind Nahrungsgrundlage für Zooplankton, Einzeller und kleine Krebse wie Was-

Einleitung

serflöhe und Hüpferlinge. Beides tritt verstärkt zu Beginn der warmen Jahreszeit auf, etwa Anfang Mai, und das Wasser wird grünlich. Diese sogenannte Algenblüte dauert meist nur wenige Tage. Algen gehören genauso zu einem natürlichen Gewässer, wie Wasser- und Sumpfpflanzen, Libellen, Frösche und Kröten. Alle diese Lebewesen sind auch Indikatoren für die Wassergüte.

Apropos Frösche und Kröten: Sie finden in den Badeteichen einen neuen Lebensraum. Wenn das Umfeld stimmt, werden diese sich auch vermehren und ihren Garten als „Nützlinge" bewohnen. Einzig die so sympathischen Laubfrösche können einen „Höllenlärm" machen. Das heißt in der Laichzeit, von Mai bis Juli veranstalten sie ihre nächtlichen Konzerte und diese können beträchtliche Lautstärken erreichen. Laubfrösche – wie der Name schon sagt

– halten sich im Gebüsch auf und wandern oft von Teich zu Teich. Sie sind also nicht unbedingt standorttreu.

Und was wird mit den Stechmücken sein? Wird eine Mückenplage die umliegenden Teichanwohner plagen? Mit Sicherheit nicht, denn Mückenlarven können sich in einem funktionierenden Badeteich aufgrund der vielen Freßfeinde nicht entwickeln. Wohl aber in Gießkannen und anderen mit Wasser befüllten Gefäßen, die im Garten herumstehen.

Wenn Sie also Natur „vertragen" können, bereit sind, sie zu akzeptieren, sich als ein Teil unserer Natur zu fühlen, sie in ihrer Komplexität verstehen und die biologischen Kreisläufe bewundern wollen, dann ist ein naturnaher Badeteich für Sie das richtige. Ansonsten lassen Sie die Finger davon und gehen lieber in ein Schwimmbad oder lassen sich einen Swimmingpool bauen.

Dieser Badeteich schließt direkt an eine Terrasse mit Holzbadesteg an.

Grundsätzliche Überlegungen vor dem Bau

Ein in einem Erdhügel integrierter Bade- und Grillraum, der nur zum Teich hin geöffnet ist.

Planung und Gestaltung

Wie bereits im Vorwort erwähnt, ist die sorgfältige Planung von entscheidender Bedeutung zum Gelingen des Projekts. An erster Stelle steht die Wahl des Standorts. Am günstigsten ist die Plazierung des Badeteichs unmittelbar im Anschluß an eine Hausterrasse. Die Verbindung zur Terrasse und gleichzeitig eine bequeme Einstiegsmöglichkeit in den Badeteich kann durch Holzstege hergestellt werden. Diese sind auch als zusätzliche Sitz- und Liegeflächen nutzbar.

Falls diese nicht möglich ist, wird der zu errichtende Badeteich weiter entfernt vom Haus gebaut werden. Günstig ist eine nicht zu große Entfernung vom Haus, Sichtmöglichkeit auf den Badeteich, am besten von der Terrasse

oder vom Wohnzimmer aus. Bei noch weiter vom Haus entfernten Badeteichen ist die Errichtung einer Badehütte zu empfehlen. In ihr können alle für den Badebetrieb erforderlichen Utensilien untergebracht werden, aber auch Gartengeräte und Sitzmöbel.

Der Badeteich soll nicht in der Nähe großer Bäume errichtet werden, vor

Blick von der Hausterrasse auf den Badeteich.

11

Grundsätzliche Überlegungen vor dem Bau

Dieser künstlich angelegte Bachlauf besitzt kleine Kaskaden.

allem wegen des zu starken Laubeintrags in das Wasser. Auch der Baumwurzeln wegen, welche die Abdichtungsmaterialien – besonders Folien – beschädigen können. Laub bringt ungewollte Nährstoffe in den Teich, welche das Algenwachstum und die Verschlammung fördern. Außerdem wird die für die Erwärmung des Wassers und das erwünschte Pflanzenwachstum notwendige Besonnung verringert, denn etwa sechs Stunden sind erforderlich. Die Uferzonen sollen durch entsprechende Gestaltung in den übrigen Garten eingebunden werden, etwa in Form von Blütenstauden und Gräsern. Die Formgebung der Badeteiche ist so vielfältig möglich, daß

sie am besten im Kapitel Beispiele anhand der ausgeführten Projekte besprochen wird.

Denken sie auch daran, daß für den Erdaushub des Badeteichs Bagger und LKW notwendig sind und entsprechende Zufahrtsmöglichkeiten vorhanden sein müssen. Auch etwaige gesetzliche Bestimmungen müssen beachtet werden, vor allem bei allen Baumaßnahmen und wenn das Wasserrecht in Anspruch genommen wird. Ebenso ist vor dem Bau zu überlegen und abzuklären, wohin der Überlauf und eventuelles Rückspülwasser abgeleitet werden können.

Wenn man sich nun klar ist, an welcher Stelle im Garten der Badeteich errichtet werden soll, ist es sinnvoll, gleich die Größe des zukünftigen Gewässers festzulegen. Am einfachsten sind die Konturen mit einem hellen Gartenschlauch oder einem Seil auf

Wasser, Sand und Steine – mehr brauchen Kinder für ihre Spiele nicht.

Grundsätzliche Überlegungen vor dem Bau

der grünen Wiese darzustellen. Der eigentliche Schwimmbereich und die notwendigen und erwünschten Pflanzenzonen sollten getrennt voneinander markiert werden. Die Größe des geplanten pflanzenfreien Schwimmbereichs ist dann besser einzuschätzen, und die erforderlichen Pflanzenzonen sind getrennt davon – wie gewünscht – festzulegen. Gleichzeitig ist zu überlegen, ob der Erdaushub teilweise zur Geländegestaltung verwendet werden kann, beispielsweise um kleinere Hügel und vielleicht auch Geländeformen für einen Bachlauf zu schaffen.

Damit abgeschätzt werden kann, wieviel Aushubmaterial anfallen wird, ist es notwendig, festzustellen, ob das vorgesehene Gelände eben oder geneigt ist. Dazu werden entlang der Teichuferlinie Holzpflöcke im Abstand von etwa 1,5 m eingeschlagen. Mit einer Wasser- oder einer Schlauchwaage werden die Pflöcke eben hergerichtet. An der niedrigsten Stelle sollten die Pflöcke etwa 10 cm über dem späteren Niveau eingeschlagen sein. Somit steht fest, wie das Gelände beschaffen sein wird. Im folgenden Kapitel werden die Wassertiefen für den Schwimm- und Pflanzenbereich beschrieben. So können Sie dann den gesamten zu erwartenden Erdaushub berechnen und relativ genau abschätzen.

Auch der Einsatz von Sonnenkollektoren ist überlegenswert, um die Badesaison verlängern zu können. Dies ist dann sinnvoll, wenn die Kollektoren ohnehin zur Brauchwassererwärmung im Haushalt verwendet werden. In diesem Zusammenhang ist es empfehlenswert, zumindest den Schwimmbereich mit einer Wärmedämmung zu versehen, da die Temperatur des Erdreichs im Sommer und Winter nur etwa 10 °C beträgt. Hierfür sind extrudierte Polystyrol-Hartschaumstoffplatten von etwa 5 cm Stärke geeignet. Dadurch wird im Sommer der Wärmeabfluß ins umgebende Erdreich vermindert.

Bei größeren Badeteichanlagen besteht außerdem die Möglichkeit, diese in Niedrigtemperaturheizsysteme mit einzubeziehen. Erdkollektoren, unter der Teichsohle verlegt, dienen zur Energiegewinnung für Wärmepumpen und Wärmeversorgung der ebenfalls neu errichteten Einfamilienhäuser oder kleiner Siedlungen – eine Zukunftsperspektive für neue Dorfteiche?

Zuguterletzt sollen nach all diesen Vorplanungen die Kosten des Projekts zumindest überschlagsmäßig erfaßt werden. Sie können ansatzweise mit 200,– Euro pro Quadratmeter Teichoberfläche rechnen, wenn alle Leistungen von einer Fachfirma erbracht werden. Je nach Ausführung und möglicher Eigenleistungen sind Preisunterschiede zu erwarten. Ein Angebot für Ihr Badeteichprojekt ergibt einen genauen Kostenspiegel. Laden Sie mehrere Firmen zur Angebotlegung ein, damit Sie deren Leistungen und Kosten genau vergleichen können – achten Sie auf Qualität.

Grundsätzliche Überlegungen vor dem Bau

Sicherheit

Schon bei der Planung ist unbedingt zu überlegen, ob der Badeteich besonders abgesichert werden muß, damit weder eigene noch fremde Kinder und Personen Schaden erleiden können. Alljährlich sind Berichte über Kinder, die in Gartenteichen oder Swimmingpools ertrunken sind, zu lesen. Das Teichgelände muß sicher eingezäunt werden oder ein tragfähiges Netz oder Gitter ist über die Wasserfläche zu spannen.

Auch die Einstiege in den Schwimmbereich müssen so sicher wie nur möglich gestaltet werden. Es kann durchaus eine flache, strandartige Uferausbildung geplant werden, die vor allem für Kinder einen sicheren und leichten Zugang in das Wasser ermöglicht. Die Kinder werden in diesem Bereich auch voller Begeisterung mit Sand und Wasser spielen. Doch auch für Erwachsene kann diese flache Uferzone reizvoll sein, wenn etwa ein größerer Stein zum Sitzen und Beobachten einlädt.

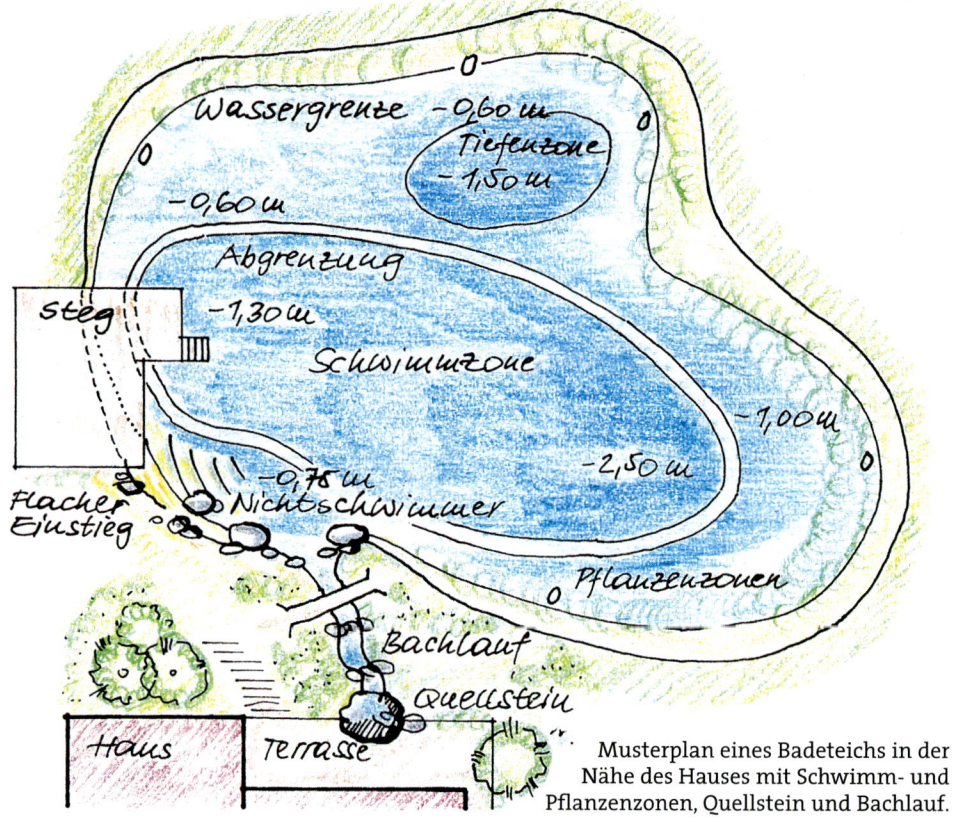

Musterplan eines Badeteichs in der Nähe des Hauses mit Schwimm- und Pflanzenzonen, Quellstein und Bachlauf.

Gestaltung des Teichbetts

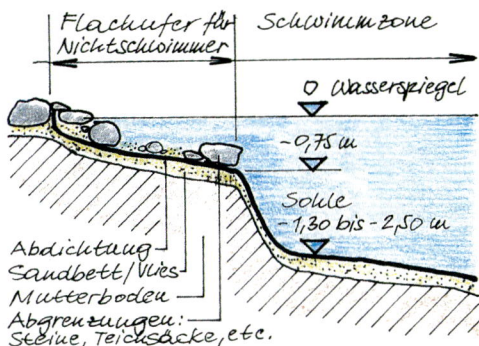

Flachufer mit einem Bereich für Nichtschwimmer.

Flachufer, stufenförmiger Einstieg bis in den Schwimmbereich.

Größe, Form und Tiefe

Die Gesamtgröße des Badeteichs ist in erster Linie vom Ausmaß des pflanzenfreien Schwimmbereichs abhängig. Als Mindestmaß sollten Sie 3,5 x 7,0 m annehmen, also ungefähr 25 m² für die Schwimmzone, zuzüglich der unterschiedlich tiefen Pflanzenzonen von etwa 50 bis 75 m², so daß eine Mindestgesamtgröße von 75 bis 100 m² anzunehmen ist. Nach oben hin gibt es jedoch kaum Grenzen.

Wie schon im Kapitel Planung und Gestaltung erwähnt, sind die Möglichkeiten der Formgebung so vielfältig, daß hier lediglich einige Anregungen gegeben werden können. Anhand der Fotos und Beschreibungen im Kapitel Beispiele erhalten Sie weitere Hinweise über Gestaltungsvarianten ausgeführter Projekte.

Die Wassertiefe des Schwimmbereichs kann von 0 bis 2,5 m oder darüber reichen, als Mindestschwimmtiefe sollten

Einstieg in den Schwimmbereich über eine Holzleiter vom Steg aus.

15

Gestaltung des Teichbetts

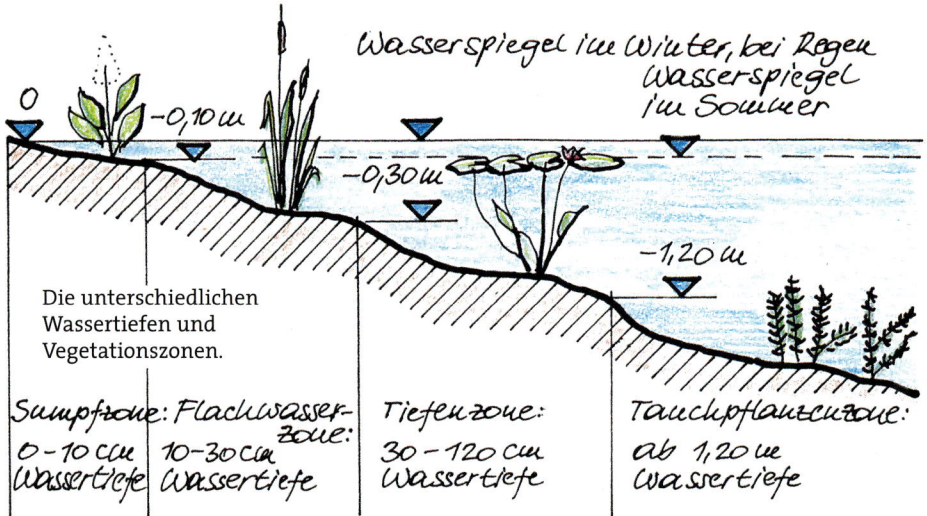

Wasserspiegel im Winter, bei Regen
Wasserspiegel im Sommer

0   −0,10 m

−0,30 m

−1,20 m

Die unterschiedlichen
Wassertiefen und
Vegetationszonen.

Sumpfzone:	Flachwasser-zone:	Tiefenzone:	Tauchpflanzenzone:
0 – 10 cm Wassertiefe	10 – 30 cm Wassertiefe	30 – 120 cm Wassertiefe	ab 1,20 m Wassertiefe

Sie jedoch 1,3 m annehmen. Je tiefer der Wasserstand, desto weniger können beim Schwimmen eventuelle Ablagerungen, also Mulm, vom Bodengrund aufgewirbelt werden. Null heißt, daß bei einer flachen Einstiegsmöglichkeit in den Badeteich, also Ausbildung eines Flachufers – ideal für Kinder –, der Wasserstand identisch mit der Uferlinie ist und von dort am besten stufenförmig die gewünschte größte Tiefe erreicht. Wenn der Einstieg in das Wasser über Stege und Leitern erfolgen soll, dann kann die vorgesehene Wassertiefe in einem durchgehen. Doch auch hier ist die Teilung in eine Nichtschwimmer- und Schwimmerzone, vor allem bei größeren Anlagen, in Erwägung zu ziehen.

Der Boden des Schwimmbereichs kann eben sein oder noch besser ein Quer- und Längsgefälle von circa 2 % zu einem Bodenablauf aufweisen.

Den Schwimmbereich umgeben die Pflanzenzonen – Regenerationsbereiche – mit ihren unterschiedlichen Wassertiefen:

Die Tiefenzone: von 30 – 120 cm.
Die Flachwasserzone: von 10 – 30 cm.
Die Sumpfzone: von 0 – 10 cm.
Die Wasserpflanzenzone: Ab 120 cm, kann sich innerhalb des Schwimmbereichs befinden.

Die Übergänge der einzelnen Zonen sind fließend und nicht streng voneinander abzugrenzen. Die Höhenangaben sind daher Anhaltspunkte. Zu den vorstehenden Höhenangaben sind für den Teichaushub noch etwa 20 cm hinzuzurechnen, um eine Feinplanie herstellen und eine Sandschutzschicht unter der Abdichtung aufbringen zu können. Außerdem muß ein Bodengrund für die Pflanzen eingebracht werden.

Baumaterialien und Verarbeitung

Abdichtungsmaterialien

Lehm und Ton sind ursprüngliche und natürliche Abdichtungsmaterialien. Ihr Einsatz ist jedoch nur dann sinnvoll, wenn sie vor Ort vorhanden sind. Diese Materialien über weite Strecken per LKW zur Baustelle zu transportieren ist meist teuer und nicht gerade umweltfreundlich.

Der Lehm und Ton muß nach dem Aushub der Teichgrube sowie dem Einbringen sehr gut verdichtet werden, um eine wasserdichte „Wanne" herzustellen. Böschungen müssen flach ausgeführt werden, mit maximal 45° Neigung, damit das Material nicht abrutschen kann. Somit sind diese Materialien für die Verarbeitung in kleinen Teichen ohnehin ausgeschlossen. Während der Verarbeitung muß das Material feucht gehalten werden,

um Rißbildungen zu unterbinden und um keine Undichtheiten zu riskieren. Tonminerale zur künstlichen Bodenverdichtung können bei entsprechend lehmigem Boden eingesetzt werden. Sehr feine Tonminerale – wie Bentonit – werden sackweise angeliefert und etwa 2 bis 5 cm stark auf den vorher verdichteten Untergrund aufgebracht. Darüber kommt dann noch das Pflanzsubstrat von ungefähr 10 bis 15 cm Höhe.

Teichfolien stammen eigentlich aus der Baustoffindustrie und werden vornehmlich für Flachdach- und Terrassenabdichtungen eingesetzt. Diese werden nun bereits seit Jahrzehnten auch für Teichabdichtungen verwendet und in verschiedenen Materialien, unterschiedlicher Stärken und Farben angeboten. Generell muß die Folienqualität stimmen und eine Garantie vom Hersteller gesichert sein.

Badeteich in Form eines Swimmingpools mit Folienabdeckung und allseitiger Wärmedämmung mittels extrudierter Polystyrol-Hartschaumstoffplatten.

17

Baumaterialien und Verarbeitung

Mit GFK, Glasfaserver-
stärktem Kunststoff,
abgedichteter Bade-
teich. Als Abgrenzung
zur Pflanzenzone
wurde ein Kunststoff-
rohr als Randwulst
eingearbeitet.

PVC-Folien (Polyvinylchlorid) werden am häufigsten verwendet, da sie leicht zu verarbeiten, lange haltbar und preisgünstig sind. Allerdings sind die bekannten Problematiken der Chlor-chemie für umweltbewußte Menschen ein erhebliches Hemmnis, sich für die-ses Material zu entscheiden.

PE-Folien (Polyethylen) setzen sich immer mehr durch. Sie sind ungiftig, UV-beständig und zeichnen sich durch hohe Reißfestigkeit aus.

PEHD-Folien (Polyethylen) sind beson-ders robust, aber steif und werden für Deponie-Abdichtungen verwendet. Sie eignen sich daher nur für sehr große und einfach gestaltete Teiche.

EPDM-Folien (Kautschuk) sind außer-gewöhnlich elastisch und extrem deh-nungsfähig, allerdings relativ weich. Sie können in Größen bis zu 1 000 m² geliefert werden. Vor Ort können aber auch Einzelbahnen von Fachleuten durch Vulkanisieren miteinander ver-bunden werden.

Die Breite der Folienbahnen, die Farbe und die Stärke der Folien hängen vom Material ab. Für kleinere Teiche liegt die Mindeststärke der Folie bei 1 mm. Diese kann vorgefertigt und in einem Stück verlegt werden. Für große Schwimmteiche sind Folien von 1,5 mm und mehr zu verwenden. Diese Folien sind mit Gewebeeinlagen versehen und von höherer Festigkeit. Sie werden immer vor Ort verlegt und verschweißt, somit gibt es weniger Verschnitt und kaum Falten.

Bei dunklen Folienfarben erwärmt sich das Teichwasser rascher. Hellgrüne oder hellblaue Folien lassen das Was-ser heller erscheinen. Die Folie ist aber ohnehin nur im Schwimmbereich „sichtbar", in den Pflanzenzonen ist diese mit Kies oder Pflanzsubstrat abgedeckt, also unsichtbar.

Baumaterialien und Verarbeitung

Ein zum naturnahen Badeteich umgebauter Swimmingpool.

Folien können durch Nagetiere beschädigt werden, daher ist der Einbau von engmaschigen, verzinkten Gitterbahnen in den Teichrandzonen bis zu einer Tiefe von etwa 50 cm empfehlenswert. Mir ist nie ein Folienschaden durch Nagetiere – Mäuse, Bisam, Ratten und dergleichen – bekannt geworden, jedoch das Durchlöchern der Folie wahrscheinlich mit Skistöcken durch neidische Nachbarn. Dann hilft kein Schutzgitter unter der Folie.

Folien können auch von Wurzeln beschädigt werden, daher sollten keine foliengefährdenden Pflanzen wie Schilf oder Rohrkolben eingepflanzt werden. Es sind aber nur wenige Fälle bekannt, wonach es zu Beschädigungen kam. Von außen können Baum- und Strauchwurzeln Schaden anrichten. Deshalb sind entsprechende Abstände zu wählen oder – falls nicht anders möglich –

eine Schutzbetonschicht unter der Folie vorzusehen. Vor der Verlegung der Abdichtfolien muß das Teichbett seine geplante Form aufweisen, vollkommen glatt und frei von spitzen Steinen und Wurzeln sein. Als Schutzschicht für die Folie kann ein Sandbett von circa 5 cm Höhe eingebracht werden oder ein Kunststoffvlies mit entsprechender Stärke – wie es auch im Straßenbau Verwendung findet.

Die Folie muß in den Uferbereichen mit genügend Überstand verlegt werden, damit nach dem Befüllen des Schwimmteichs Setzungen ausgeglichen werden können. Das Anpassen der Folie an eine leicht veränderte Teichbettform muß möglich bleiben. Erst bei der abschließenden Ufergestaltung werden die Folienüberstände abgeschnitten. Die Möglichkeiten der Uferausbildungen werden später beschrieben.

19

Baumaterialien und Verarbeitung

Folien müssen im Uferbereich generell vor UV-Strahlen (ultravioletten Strahlen) gegen ein Versprödung geschützt werden. Entweder wird der Lichtschutz durch das Pflanzsubstrat selbst gewährleistet oder bei Steilufern durch das Anbringen eines zweiten Folienstreifens von etwa 50 cm Breite. Diese Schleppbahn deckt die eigentliche Teichabdichtungsfolie im Uferbereich ab und schützt diese somit vor schädlichen UV-Strahlen und möglichen mechanischen Beschädigungen. Dieser Schutzfolienstreifen kann dann bei Bedarf erneuert werden.

Versuchen Sie mit einem stumpfen Nagel die Folie zu durchdringen. Diese einfache Nagelprobe sagt schon einiges über die Reißfestigkeit und somit Qualität einer Folie aus.

Neue und verbesserte Folien werden immer wieder angeboten, daher kann die Auflistung geeigneter Teichfolien nur ein Anhaltspunkt sein. Die Kosten für Material und Verlegung liegen etwa bei 15 Euro/Quadratmeter, variieren aber nach Folienart und Teichgröße.

GFK (Glasfaserverstärkter Kunststoff) ist für den Beckenbau optimal geeignet, weil damit äußerst stabile und kaum zerstörbare Teichabdichtungen hergestellt werden können. Polyesterharze sind die Grundlage dieses kalthärtenden Kunststoffs. Praktisch jede Teichform kann gestaltet werden und alle möglichen Rohranschlüsse und Abflüsse sind problemlos herzustellen. Ebenso können Auflager für Stege,

Brücken, Einstiegleitern, große Steindekorationen und Trittsteine problemlos gebaut werden. Flache Einstiegsstellen und Stufen können durch Einstreuen von Sand in das feuchte Kunstharz rutschsicher und optisch ansprechend ausgeführt werden. Auch alle späteren Reparaturen und eventuelle Umbauten sind leicht durchzuführen. Bei Folienabdichtungen sind spätere Veränderungen und Anschlußarbeiten meist viel schwieriger, falls überhaupt, möglich. Die Verarbeitung dieser Abdichtung muß Fachfirmen übertragen werden, da nur erfahrene und geübte Heimwerker ein ansprechendes Ergebnis zustande bringen. Einzig der Preis spricht gegen diese Form der Teichabdichtung, es ist mit etwa 60 Euro pro Quadratmeter zu rechnen.

Beton wird für den Neubau von Badeteichen wohl aus mehreren Gründen nicht infrage kommen. Große Betonbecken können nur von Fachfirmen errichtet werden, da entsprechende Erfahrungen im Betonbau, speziell in der Errichtung wasserdichter Wannen, Voraussetzung sind. Ebenso sind statische Erfordernisse und die ausreichende Armierung des Beckens zu berücksichtigen. Die Kosten werden also erheblich höher als für die zuvor genannten Abdichtungsmethoden sein. Sehr wohl können aber bestehende Swimmingpools aus Beton in gut funktionierende und ästhetisch befriedigende Bade- und Schwimmteiche umgebaut werden.

Gestaltung des Schwimmbereichs

Abgrenzungen

Um den Schwimmbereich von den ihn umgebenden Pflanzenzonen abzugrenzen, gibt es mehrere Möglichkeiten. Diese Abgrenzungen sind notwendig, damit das Pflanzsubstrat nicht in den Schwimmbereich eingeschwemmt wird und natürlich auch keine Pflanzen in diesen Bereich hineinwachsen.

Eine Abgrenzung mit Folie ist dann möglich, wenn der Boden formstabil und auch formbar ist, also wenn das Teichbett nach dem Aushub seine Form behält. Diese Böden besitzen im Gegensatz zu Kiesböden Lehmanteile und sind daher gut formbar. In solchen Fällen genügt es, die Abgrenzung mit einem Folienwulst und gegebenenfalls mit Steinen herzustellen. Die Abdichtfolie wird also gleich zur Abgrenzung herangezogen und entsprechend verarbeitet. Die Abgrenzung mit Teichsäcken ist eine besonders brauchbare Variante – auch für den Eigenbau. Die Säcke bestehen aus PP-Vlies, welches UV-stabil ist und nicht verrottet. Mit Kies gefüllt, entstehen Bauelemente für die Abgrenzung des Schwimmbereichs und andere Gestaltungsmöglichkeiten. In Reihen übereinandergeschichtet können recht harmonische und vor allem runde Formen, die recht natürlich wirken, erzielt werden. Sowohl Stufen, als auch Flachwasserbereiche für Kinder lassen sich in dieser Art errichten. Spezielle Laschen an den Säcken werden mit Kies beschwert. Somit können

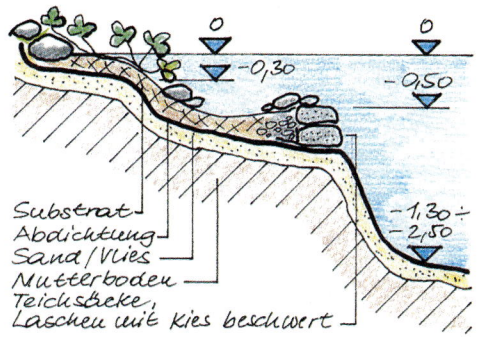

Abgrenzung der Pflanzenzone mittels Teichsäcken.

Abgrenzung der Pflanzenzone mittels eines Folienwulsts.

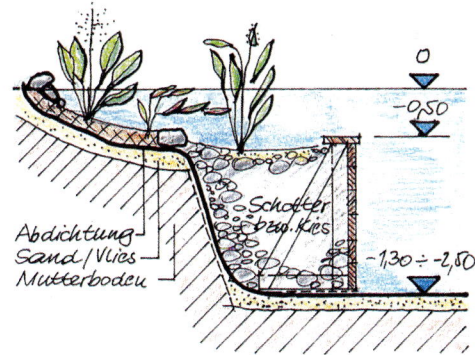

Abgrenzung des Schwimmbereichs von der Pflanzenzone mittels Holzwänden.

21

Gestaltung des Schwimmbereichs

Hier erfolgte die Abgrenzung der Pflanzenzone und die Sicherung des Pflanzsubstrats mit Steinen.

recht stabile Abgrenzungen errichtet werden. Wenn die Säcke ständig begangen werden, zum Beispiel als Stufen, dann sind sie mit Beton oder Platten abzudecken und damit vor Beschädigungen zu schützen.

Die Abgrenzung mit Holz ist eine Möglichkeit, in unstabilen Kiesböden einen entsprechend geplanten Schwimmbereich herzustellen. Weil hier aus statischen Gründen die Böschungswinkel flacher sein müssen, ist es notwendig, auf der vorher eingebrachten Abdichtung Holzwände aufzustellen. Diese Holzwände können aus Lärchen- oder Fichten-Rundlingen sowie -Bohlen gefertigt werden. Es ist ratsam, einen Zimmermann oder Tischler für diese Arbeiten heranzuziehen. Die Oberkanten dieser Einfassungen aus Holz sollten sich etwa 50 bis 70 cm unter dem Wasserspiegel befinden und eine etwa 25 cm breite Holzbohlenabdeckung

besitzen. Die Formen dieser Holzbecken müssen nicht unbedingt rechteckig sein, auch mehreckige Grundrisse sind möglich, jedoch keine Rundformen.

Die Holzwände sind genügend verwindungssteif auszubilden und vor allem entsprechend gut gegen das Aufschwimmen zu sichern. Die Wände werden einfach mittels Bauklammern oder Baustahl in Beton verankert.

Abgrenzung des Schwimmbereichs mit Wandelementen aus Kunststoff. Die Abgrenzungen der Pflanzenzonen bestehen aus großen Steinen.

Gestaltung des Schwimmbereichs

Eine Abgrenzung mit Mauern zu einer Hausterrasse samt Badesteg. Unter dem Badesteg befindet sich ein Pumpen- und Filterschacht.

Diese Betonverankerungen werden an den Wandaußenseiten vorgenommen, damit sie im Inneren des Holzbeckens – also im Schwimmbereich – nicht sichtbar sind.

Holz ist relativ kostengünstig und verrottet unter Wasser kaum, somit eignet es sich bestens, und eine lange Lebensdauer des Holzbeckens ist gesichert. Der Aufbau der Holzwände im schon mit Folie ausgekleideten Badeteich muß mit größter Vorsicht vor sich gehen, damit die Abdichtungsfolie nicht durch Nägel oder Schrauben beschädigt wird.

Die Abgrenzung mit Kunststoff-Wandelementen ist eine relativ neue Variante, die von Schwimmteichbaufirmen angeboten wird. Die L-förmigen Wandmodule bestehen aus PE-Kunststoff (Polyethylen). Es können damit beliebige Grundrißformen hergestellt werden. Die 1 m hohen Elemente werden auf die Abdichtungsbahn gestellt und außerhalb des Schwimmbereichs mit Kies hinterfüllt. Damit werden die Wandmodule stabilisiert und gleichzeitig wird der Kieskörper in ein Umwälzsystem zur Reinigung des Teichwassers eingebunden. Die Oberkante der Elemente liegt etwa 50 cm unter der Wasseroberfläche, somit beträgt der Wasserstand im Schwimmbereich etwa 1,5 m. Die Schwimmzone ist wieder von den verschiedenen Pflanzenzonen umgeben. Auch dieses Beispiel eines modernen und pflegeleichten Badeteichs ist im Kapitel Beispiele ausführlich beschrieben.

Die Abgrenzung mit Steinen, Steinplatten oder Mauersteinen kann eine optisch sehr ansprechende Möglichkeit darstellen, den Schwimmbereich von den Pflanzenzonen zu trennen. Die Unterlage muß eben oder leicht nach außen geneigt und absolut tragfähig

23

Gestaltung des Schwimmbereichs

sein. Vor dem Verlegen der Steine muß die Abdichtungsfolie mit Schutzfolie, Vlies oder Magerbeton geschützt werden. Die Steine können lose aufgebaut werden, sind aber bei größeren Höhen in Beton zu verlegen oder mit Zementmörtel zu verbinden.

Es besteht auch die Möglichkeit, den Boden des Schwimmbereichs mit Steinen auszulegen. Diese sollten jedoch keinesfalls lose verlegt, sondern fix in ein Betonbett gedrückt werden. Somit ist der Boden gut zu reinigen und es ist keine Folie zu sehen. Wenn die Steine lose verlegt sind, sammelt sich zu viel Schlamm in den Zwischenräumen, der praktisch kaum entfernt werden kann. Auch die Verwendung von Waschbetonplatten ist gut möglich. Die Plattenfugen müssen vermörtelt werden, also dicht sein, und die Platten selbst müssen wieder auf Schutzfolie, Vlies oder in Beton verlegt werden.

Die Abgrenzung mit Mauern wird im Bereich von Hausterrassen oder Holzstegen eine brauchbare Variante darstellen. Allerdings werden die Wände in Beton, mit entsprechender Armierung, vor der Teichabdichtung, also gleich nach dem Teichgrubenaushub, errichtet werden. Auch die Verwendung von Betonschalsteinen, welche mit Beton ausgegossen werden, ist sinnvoll, weil man keine aufwendige Schalung zimmern muß. Auch hier müssen die statischen Erfordernisse berechnet und berücksichtigt werden. Die Wandoberfläche muß glatt sein

oder vor dem Verlegen der Abdichtfolie geglättet werden, damit die Folie selbst nicht beschädigt wird. Hinter der Mauer, im Terrassen- oder Stegbereich, kann ein Pumpenschacht eingeplant werden, in dem eine Umwälzpumpe für Wasserbewegung und Reinigung unterzubringen ist. Auch der Einbau von Filteranlagen und dergleichen ist möglich.

Eine Abgrenzung mit Beton wird für Neuanlagen kaum infrage kommen. Sie ist prinzipiell möglich, doch wird der Aufwand wohl zu groß sein. Die Ausführung geschieht wie bei der Abgrenzung mit Mauern (s. S. 23).

Jedoch ist der Umbau bestehender Betonbecken, also Swimmingpools, gut möglich. Vor allem dann, wenn ein bestehendes Becken undicht geworden ist und saniert werden soll. Dann bietet sich ein Umbau zu einem Badeteich geradezu an.

Eine oder mehrere Betonwände werden teilweise abgetragen, also in der Höhe verringert. Dabei ist auf eventuell in der Wand verlegte Rohrleitungen für die vorhandene Umwälzanlage, die unter Umständen auch später verwendet werden könnte, zu achten. Um den Pool werden die Bereiche für die späteren Pflanzenzonen ausgebaggert. Dann wird die Teichabdichtung – nach den bereits beschriebenen Vorbereitungsarbeiten – vorgenommen. Das alte Betonbecken selbst und die neuen Pflanzenzonen werden so eine neue Einheit.

Gestaltung der Uferzonen

Gestaltung der Uferzonen

Die Gestaltung und Ausbildung der Uferzonen muß gut geplant werden. Auf die sorgfältige Ausführung ist besonders zu achten, um einen funktionellen Abschluß zu erreichen und auch ästhetischen Ansprüchen gerecht zu werden.

Flachufer werden den Großteil der Randzonen des Badeteichs ausmachen. Bei Folienabdichtungen werden die Randzonen erst nach dem Befüllen des Teichs gestaltet und die Folienüberstände werden erst dann abgeschnitten. Dabei ist darauf zu achten, daß die Teichabdichtung im Uferbereich eine Kapillarsperre darstellt, also senkrecht nach oben verlegt wird. Dadurch wird erreicht, daß das umliegende Erdreich nicht ständig feucht ist und der Wasserstand des Badeteichs, abgesehen von den Verlusten durch Verdunstung, konstant bleibt. Der Folienrand wird durch geschickte, natürlich wirkende Steindekorationen und Bepflanzungen nahezu unsichtbar. Steine können mittels Silikon an der Teichabdichtung oder -folie fixiert werden, damit sie nicht abrutschen können oder verschoben werden und eine dauerhafte Begrenzung darstellen.

Begehbare Flachufer müssen dauerhaft und in unseren Breiten frostsicher angelegt werden. Naturstein- oder Betonplatten werden in Zementmörtel verlegt. Darunter ist eine Kiesschicht einzubringen, um der Kapillarwirkung

des gewachsenen Bodens entgegenzuwirken. Dadurch wird ein Auffrieren der Gehwegplatten verhindert. Zumindest aber, wenn es sich um nicht häufig begangene Wege handelt, sollten

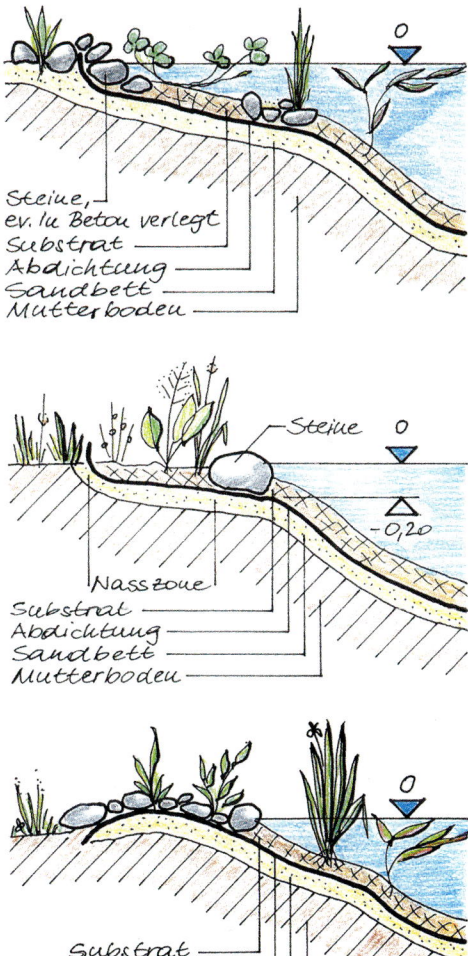

Einige Gestaltungsmöglichkeiten nicht begehbarer Flachufer sind hier dargestellt.

Gestaltung der Uferzonen

Ein Swimmingpool, der zum Badeteich umgebaut wird. Den fertig umgebauten Pool sehen Sie auf Seite 19.

die Platten auf einer Sandschicht verlegt werden.

Begehbare Flachufer können auch so gestaltet werden, daß sie eine Einstiegsmöglichkeit in den Badeteich darstellen. Diese Variante ist besonders für Kinder geeignet und wird von ihnen als beliebter Spielplatz angenommen. Zur eigentlichen Schwimmzone ist dann eine kindersichere Abgrenzung vorzusehen. Auf Seite 16 wurde darauf bereits eingegangen.

Steilufer können auf verschiedene Weise hergestellt und gesichert werden. Entweder läßt der gewachsene Boden einen steilen Aushub zu, um später ein Steilufer ausbilden zu können. Ansonsten läßt sich ein Steilufer durch eine Bepflanzung ansprechend gestalten. Böschungsmatten, gegebenfalls mit Pflanztaschen versehen, ermöglichen den Pflanzen anzuwurzeln und Halt zu finden.

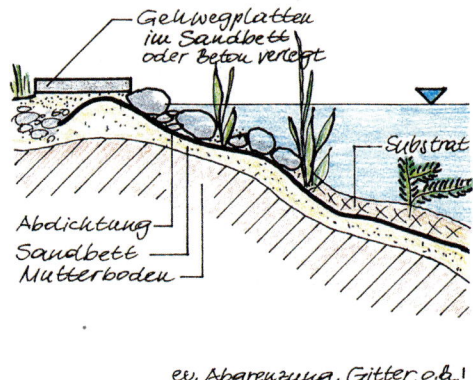

Begehbare und befestigte Flachufer. Das untere Flachufer ist auch als Einstieg in den Badeteich oder als Nichtschwimmerbereich geeignet.

Gestaltung der Uferzonen

Vlies
Abdichtung
Böschungsmatte

Hier sind verschiedene Gestaltungsmöglichkeiten von Steilufern dargestellt.

Steilufer können aber auch durch
Teichsäcke (s. S. 21) oder Steinsetzungen
gesichert werden. Die „Steinmauern"

werden aus plattenartigen oder recht-
eckigen, größeren Steinen gebildet.
Auch rundgeschliffene Flußsteine in
verschiedenen Größen eignen sich gut
dafür. In jedem Fall muß auf ein entsprechendes Fundament geachtet werden und auf den Schutz der Teichabdichtung. Außerdem muß die Wand in
sich stabil sein und gegebenenfalls
sind die Steine mit Zementmörtel zu
vermauern. Größere Zwischenräume
können dazu genutzt werden, um
ebenfalls entsprechende Pflanzen zu
setzen, die dann ein natürliches Bild
ergeben.
Begehbare Steilufer werden zumeist
im Bereich von Terrassen und Stegen
angelegt. Das eigentliche Steilufer wird
aus einer massiven Betonwand oder aus
einer Mauer, die aus betongefüllten
Schalsteinen besteht, gebildet. Die
Standfestigkeit solcher Begrenzungs-
wände muß gesichert sein. Wasser-
seitig wird die Teichabdichtung verlegt. In diesem Fall wird die Teichabdichtung sichtbar bleiben. Durch eine
auskragende Stegkonstruktion aus
Holz kann das Steilufer jedoch, samt
Teichabdichtung, versteckt werden.
Der begehbare Belag besteht meist aus
Natur- oder Kunststeinplatten. Aber
auch Natur- oder Betonsteine sowie
die Verwendung keramischer Materialien (Fliesen, Klinker) sind möglich. Die
Verlegung der Platten oder Steine muß
von fachkundigen Personen nach den
einschlägigen Richtlinien frostsicher
erfolgen.

27

Gestaltung der Uferzonen

Links und unten:
Begehbares Steilufer mit
Gehwegplatten aus Beton,
die auf Betonrandleisten
aufliegen. Damit wird
gleichzeitig die Teichfolie
fixiert.

Anstelle der begehbaren Platten- oder Steinbeläge können auch – wie schon erwähnt – Stegkonstruktionen errichtet werden. Selbstverständlich ist auch eine gemischte Bauweise oder Oberflächengestaltung möglich. Dies hängt von den örtlichen Gegebenheiten, dem persönlichen Geschmack und dem Baubudget ab. Für Holzstege ist wohl engwüchsiges Lärchenholz am besten geeignet, welches ohne Imprägnierung oder Schutzanstrich der Witterung ausgesetzt ist. Das Holz wird im Laufe der Zeit hellgrau und hält lange, wenn die Holzdimensionen großzügig gewählt wurden.
Wenn die Holzstege nicht nur im Randbereich errichtet werden, sondern auch über das Wasser ragen, sind sie auch im Wasser entsprechend abzustützen. Dabei ist darauf zu achten, daß die Teichabdichtung, meist Folie, von den Holz- oder auch Metallstützen nicht beschädigt wird. Folienreste oder Vlies werden als Unterlage für die Stützen verwendet. Diese Stützen werden etwa 30 cm hoch in Beton fixiert. In den noch feuchten Beton können Steine eingedrückt werden, damit seine Oberfläche natürlicher wirkt.
Dasselbe gilt für größere Brückenkonstruktionen, die ebenfalls im Wasserbereich abgestützt werden müssen. Kleinere Brücken sind von Ufer zu Ufer frei gespannt. Dafür müssen die Brückenlager stabil und unverrückbar, entweder in Stein oder Beton, hergestellt werden.

Gestaltung der Teichsohle

Ein auskragender Steg aus Holz, der unmittelbar an die Hausterrasse anschließt.

Die Abstützung der Stegkonstruktion mittels rostfreier Stahlrohre, die in Betonplatten verankert sind.

Gestaltung der Teichsohle

Die Teichsohle des Schwimmbereichs läßt sich unterschiedlich gestalten. Der Boden kann vollkommen eben ausgeführt werden und die Abdichtung bleibt frei liegen. Ablagerungen können leicht abgesaugt werden, auch der Einsatz eines Pool-Staubsaugers ist möglich.

Wie schon beschrieben (s. S. 24), kann die Grundfläche auch mit runden Steinen gestaltet werden. Diese sollen jedoch in ein Betonbett gedrückt werden, damit die Oberfläche glatter und geschlossener wird. Das Absaugen von Schlamm wird dadurch erleichtert und wirkungsvoller.

Bei naturnahen Badeteichen wird der Boden des Schwimmbereichs etwa 30 cm hoch mit grobem Rundkies (30/X) bedeckt. Das Absaugen von Ablagerungen ist auch hier möglich, weil die Körnung des Kieses grob genug ist, so daß er nicht in die Pumpe oder Absaugschläuche gelangt. Außerdem

Eine leicht gebogene Holzbrücke mit einfachem Seilgeländer.

29

Gestaltung der Teichsohle

wird auch diese Kiesschicht von Mikroorganismen besiedelt, die einen positiven Einfluß auf die gesamte Teichbiologie haben.

Ein Längs- und Quergefälle der Teichsohle mit etwa 2 % Neigung erleichtert die Reinigungsarbeiten wesentlich; besonders dann, wenn auch ein Bodenablauf vorhanden ist. Diese Ablaufleitung wird in einen außerhalb des Badeteichs befindlichen Absetzschacht eingeleitet. Der Absetzschacht befindet sich in einer Pflanzenkläranlage (wie aus der Systemzeichnung ersichtlich). Aus dem Pflanzenklärteich wird das Wasser über einen Bachlauf oder Kaskaden in den Badeteich zurückgepumpt. Der anfallende Schlamm kann dann – je nach Erfordernis – einfach aus dem Absetzschacht abgepumpt werden.

Der außerhalb des Badeteichs liegende Sekundärteich, die Pflanzenkläranlage, kann auch höher als der Badeteich angelegt werden. Das gereinigte Wasser wird über einen Bachlauf oder Was-

Mit Rundkies bedeckte Teichsohle im Schwimmbereich.

serfall wieder in den Badeteich eingeleitet. Der Wasserkreislauf wird durch eine entsprechend dimensionierte Teichpumpe hergestellt.

Ein Putzroboter reinigt selbsttätig die Folienoberflächen im Schwimmbereich.

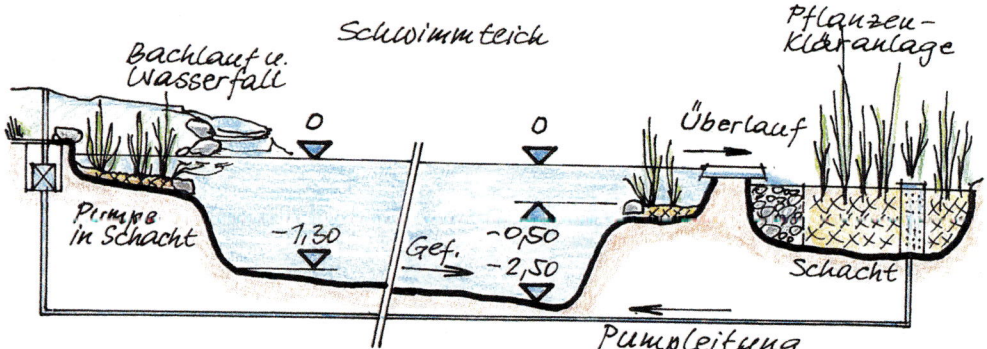

Systemzeichnung eines Badeteichs mit Pflanzenkläranlage. Der Wasserkreislauf wird mittels einer Teichpumpe hergestellt.

Pflanzen im Badeteich

Bepflanzung

Die richtige und ausgewogene Bepflanzung ist gerade in einem Badeteich von entscheidender Bedeutung. Pflanzen produzieren am Tag Sauerstoff, reduzieren Nährstoffe und bieten den im Teich lebenden Tieren Lebensräume. Sie sind aber auch von wesentlicher ästhetischer Wirkung für das Gesamtbild ihres Schwimmteichs.

Sumpf- und Wasserpflanzen sind im allgemeinen schnellwüchsig, sie müssen aber dennoch in genügender Menge, Vielfalt, möglichst in großen Gruppen und nach einem Bepflanzungsplan gesetzt werden. Pro Quadratmeter Regenerationsbereich können sechs bis acht Pflanzenstöcke eingepflanzt werden, natürlich abhängig von der Pflanzenart und daher sind die Angaben als Faustregel zu verstehen.

Das Pflanzsubstrat muß nährstoffarm sein. Ein Gemisch aus Lehm und Sand im Verhältnis 1 bis 3 zu 4 – abhängig von der Lehmqualität – ist gerade richtig. Möglicherweise ist das Aushubmaterial des Badeteichs zumindest teilweise dafür geeignet. Dieses Gemisch wird in einer Höhe von 10 bis 20 cm eingebracht und mit einer Rundkies-Sandschicht abgedeckt. Dazwischen können auch reine Kies- und Schotterbänke, in denen keine Pflanzen wachsen, angelegt werden.

Die Verwendung von Pflanzkörben ist in Badeteichen nicht sinnvoll. Sie können jedoch für die Anpflanzung empfindlicher sowie kleiner Pflanzen hilfreich sein oder bei tropischen Pflanzen, die außerhalb des Teichs, an einem frostfreien Platz überwintert werden.

Die Pflanzen sollten nach folgenden Kriterien ausgewählt werden:

Ein sehr schön gestalteter Regenerationsbereich eines Badeteichs mit großer Pflanzenvielfalt und üppigem Wachstum.

Pflanzen im Badeteich

- Liegt der Badeteich in der vollen Sonne, dann sind entsprechend viele Schwimmblattpflanzen wie zum Beispiel Seerosen oder Schwimmendes Laichkraut einzusetzen. Durch die Abschattung wird sich das Wasser nicht zu stark erwärmen.
- Für die Sauerstoffproduktion und Reduzierung der Nährstoffe sollten circa 20 Wasserpflanzen pro Quadratmeter in verschiedenen Arten gesetzt werden.
- Sumpf- und Röhrichtpflanzen sollen bis zu einer Tiefe von 30 cm und etwa fünf Stück pro Quadratmeter gepflanzt werden.
- Blühende Pflanzen, auch außerhalb des Teichs, werden so zusammengestellt, daß ihre Blütenpracht abwechselnd das ganze Jahr über zu bewundern ist.

Die Bepflanzung des Badeteichs soll zu Beginn der warmen Jahreszeit erfolgen, also etwa ab Ende April und möglichst bei bedecktem Himmel. Wenn der Wasserstand im tiefsten Teil des Badeteichs etwa 30 cm hoch ist und sich das Wasser erwärmt hat, können Seerosen und bündelweise Wasserpflanzen in das Pflanzsubstrat oder gegebenenfalls in Pflanzkörbe gesetzt werden. Die Pflanzenbündel können mit Steinen beschwert werden, damit sie nicht aufschwimmen. Keinesfalls dürfen die Pflanzen selbst sowie deren Blätter austrocknen. Daher sind sie vor Austrocknung zu schützen und der Wasserstand soll möglichst rasch erhöht werden. Mit dem Steigen des Wasserstands werden alle Pflanzen im richtigen Tiefenbereich eingesetzt. Pflanzen im Uferbereich könnten anfangs durch Wellenschlag entwurzelt werden, daher sind sie mit Steinen oder Rundkies zu schützen.

Im neubepflanzten Badeteich darf erst nach etwa 14 Tagen geschwommen und hineingesprungen werden, damit die Pflanzen nicht entwurzelt und ausgeschwemmt werden können.

Der Schwimmbereich

Der eigentliche Schwimmbereich sollte generell frei von Pflanzen sein. Dies gilt insbesonders für kleinere und nicht sehr tiefe Badeteiche. Bei großen und auch tiefen Badeteichen können Wasserpflanzen außerhalb des Schwimmbereichs gesetzt werden. Zu bedenken ist jedoch die Pflege und das Auslichten dieser Pflanzen in Wassertiefen von 2 m und darüber. Welche Pflanzen für diese Wassertiefen geeignet sind, erfahren Sie anschließend.

Hornkraut, *Ceratophyllum demersum*, mit Flußbarschlaich, *Perca fluviatilis*.

Pflanzen im Badeteich

Hornkraut, *Ceratophyllum demersum*.

Wasserpest, *Elodea canadensis*.   Fotos: Dr. J. Schmidt

33

Pflanzen im Badeteich

Das charakteristische Blatt der Wassernuß, *Trapa natans*.

Krebsscheren und Blüte der Krebsschere, *Stratiotes aloides*.　　　　Fotos: Dr. J. Schmidt

Sumpf-Teichfaden, *Zannichellia palustris.*

Wasser-Hahnenfuß, *Ranunculus aquatilis.*

Wasserstern, *Callitriche palustris.*

Kanadische Wasserpest, *Elodea canadensis*, mit
Wasserkalb, *Gordius aquaticus*, einem Saitenwurm
(Nematomorpha) aus der Familie Gordiidae.

Pflanzen im Badeteich

Die Wasserpflanzenzone

Diese Zone beginnt ab etwa 120 cm Wassertiefe. Auf das Pflanzsubstrat kann in dieser Zone meist verzichtet werden, lediglich eine etwa 10 cm starke Kiesschicht ist denkbar, um die Pflanzen setzen zu können. Hier ist die Verwendung von Pflanzkörben sinnvoll, in denen die Pflanzen gut zu fixieren sowie auch leichter abzusenken und zu heben sind. Einige submerse Pflanzen sollen hier genannt werden:

- Armleuchteralge, *Chara hispida*: Bevorzugt kalkreiches, klares Wasser.
- Glänzendes Laichkraut, *Potamogeton lucens*: Bis 5 m lange, verzweigte Stengel, bis zu 20 cm lange Blätter.
- Hornkraut, *Ceratophyllum demersum*: Frei schwimmende oder im Boden verankerte, wurzellose Wasserpflanze. Kurze Sproßteile überwintern am Teichgrund.
- Krauses Laichkraut, *Potamogeton crispus*: Attraktive lanzettförmige, gewellte Blätter an bis 2 m langen Stengeln.
- Nixkraut, *Najas minor*: Wasserpflanze mit 1 bis 2 cm langen, zarten Blättern.
- Tausendblatt, *Myriophyllum spicatum*: Ausdauernde Wasserpflanze mit federförmigen Blattquirlen und rosa Blüten, bis 5 m Wassertiefe.
- Wasserfeder, Wasserprimel, *Hottonia palustris*: Schöne, feinfiedrige Wasserpflanze mit 30 cm hohem Blütenstand.
- Wasser-Hahnenfuß, *Ranunculus aquatilis*: Weiß blühend, bildet Schwimmblätter.

35

Pflanzen im Badeteich

- Kanadische Wasserpest, *Elodea canadensis*: Schnellwüchsige, verbreitete Wasserpflanze mit 40 bis 100 cm langen, dichtbeblätterten Sprossen.
- Wasserstern, *Callitriche palustris*: Wintergrüne Wasserpflanze, die ebenfalls Schwimmblätter ausbildet.

Froschbiß, *Hydrocharis morsus-ranae*.

Die Tiefenzone

Die Tiefenzone außerhalb des Schwimmbereichs reicht von etwa 30 bis 120 cm Wassertiefe. Für diesen Regenerationsbereich sind viele attraktive Schwimmblatt- und Schwimmpflanzen bestens geeignet. Diese Pflanzen sind in Blatt und Blüte auffallend und schatten sehr sonnig gelegene Teiche gut ab.

Dazu gehören auch die Seerosen, *Nymphaea* spp., die Königin der Teiche und Seen und eine der schönsten Teichpflanzen überhaupt. Alljährlich werden neue Züchtungen vorgestellt, es sollten aber doch die heimischen Arten bevorzugt werden.

Seekanne, *Nymphoides peltata*.

- Froschbiß, *Hydrocharis morsus-ranae*: Frei an der Wasseroberfläche schwimmend, an seichten Stellen wurzelnd, kleine weiße Blüten von Juli bis August.
- Krebsschere, Wasseraloe, *Stratiotes aloides*: Auffällige Schwimmpflanze, gezähnte, trichterförmige Blattrosetten mit 30 cm Durchmesser, weiß blühend, überwintert am Teichboden.
- Seekanne, *Nymphoides peltata*: Ausdauernde, ausläuferbildende Pflanze mit kleinen mittelgrünen Schwimm-

Wasserknöterich, *Polygonum amphibium*.

Wasserlinse, *Lemna minor*.

Gelbe Teichrose, *Nuphar lutea*.

Weiße Seerose, *Nymphaea alba*.

Marliac-Seerose, *Nymphaea* sp. „Gladstoniana".

Marliac-Seerose, *Nymphaea* sp. „Ellisiana".

Pflanzen im Badeteich

blättern, gelbe Blüten mit gezackten Rändern.

- Wasserknöterich, *Polygonum amphibium*: Ausdauernde Pflanze mit langstieligen Schwimmblättern. Sie bildet rosa Blütenstände oberhalb der Wasseroberfläche.

- Wasserlinse, *Lemna minor*: Auch Entengrütze genannt, wird oft mit anderen Pflanzen eingeschleppt, vermehrt sich unglaublich stark, kann in kürzester Zeit auch große Teiche vollkommen bedecken und ist daher mit Vorsicht zu genießen. Kleine hübsche Schwimmpflanze, übrigens eine der kleinsten Blütenpflanzen überhaupt.

- Wassernuß, *Trapa natans*: Rosettenförmige, oft rötliche Blätter, empfindliche, einjährige Pflanze. Liebt nährstoffreiche, warme Gewässer. Nichts für Anfänger.

- Wasserschlauch, *Utricularia vulgaris*: Schwimmt frei im Wasser, fängt Zooplankton und Mückenlarven, gelbe löwenmaul-ähnliche Blüten.

Im Anschluß können noch die Teichrose, einige Seerosensorten oder Lotusblumen erwähnt werden. Allein die Vielfalt der gezüchteten Seerosensorten ist so groß, daß sie einen eigenen Band füllen würden. In der einschlägigen Fachliteratur erfahren Sie weitere Details. Bedenken Sie jedoch gründlich den Platzbedarf und Wasserstand in Ihrem Badeteich für diese wunderschönen Teichpflanzen.

- Gelbe Teichrose, *Nuphar lutea*: Herzförmige, dunkelgrüne, bis 30 cm

Pflanzen im Badeteich

Seerose, *Nymphaea* sp. „Bayernwald".

Seerose, *Nymphaea* sp. „Director Moose".

Pflanzen im Badeteich

Seerose, *Nymphaea odorata rosea*.

Seerose, *Nymphaea* sp. „Mme. Laydeker". 4 Fotos: Dr. J. Schmidt

Pflanzen im Badeteich

breite Blätter. Gelbe Blüten, unscheinbarer als die der Seerosen, nur für große Teiche geeignet. Wassertiefe 80 bis 200 cm.

● Weiße Seerose, *Nymphaea alba*: Einheimische Sorte, reinweiße Blüten, bis 12 cm groß, oval-runde Schwimmblätter bis 30 cm groß, sie ist absolut winterhart.

● Glänzende Seerose, *Nymphaea candida*: Selten gewordene, heimische Seerose, mit reinweißen, sternförmigen Blüten, bis 8 cm Durchmesser, Schwimmblätter circa 20 cm groß, Wassertiefe 40 bis 80 cm.

Marliac-Seerosen: *Nymphaea* Marliacea-Hybriden (nach dem französischen Züchter Latour MARLIAC, der die ersten farbigen Hybriden in den Handel brachte). Die hier angeführten Sorten sind winterhart.

● *Nymphaea* sp. „Gladstoniana": Blüte gelb/rosa, circa 20 cm groß, fast kreisrunde Blätter mit 20 bis 30 cm Durchmesser, Wassertiefe 50 bis 100 cm.

● *Nymphaea odorata* „Sulphurea": Blüte schwefelgelb, bis 14 cm Durchmesser mit sternförmigen Kronblättern, circa 20 cm große Blätter, Wassertiefe 60 bis 100 cm. Marliac-Züchtung aus dem Jahr 1879.

● *Nymphaea* sp. „Marliacea Rosea": Blüten zartrosa, bis 16 cm, bis 25 cm große, grasgrüne, rötlich gerandete Blätter, robuste Dauerblüherin, Wassertiefe 40 bis 100 cm. Marliac-Züchtung von 1887.

Tropische Seerosen – frostfrei zu überwintern!

Blüte der Lotusblume, *Nelombo nucifera*, im Warmwasserteich.

40

Sumpf-Blutauge, *Potentilla palustris*.

Fieberklee, *Menyanthes trifoliata*.

Hechtkraut, *Pontederia cordata*.

Kalmus, *Acorus calamus*.

Pflanzen im Badeteich

- *Nymphaea* sp. „Charles de Meurville": Blüte weinrot, bis 20 cm groß, grasgrüne, länglich-runde Blätter bis 35 cm breit, Wassertiefe 50 bis 100 cm. Marliac-Züchtung von 1931.
- *Nymphaea* sp. „Atropurpurata": Blüten dunkel-karmesinrot, bis 20 cm groß, Blätter rötlich, an den Rändern etwas gewellt, bis 20 cm Durchmesser. Marliac-Züchtung von 1901.

Tropische und subtropische Seerosen, Lotusblumen, *Nymphaea lotus* und *Nelombo nucifera*, und andere Wasserpflanzen aus diesen Regionen gehören mit zu den schönsten Gewächsen in einem Wassergarten. Die Überwinterung im Freiland ist kaum möglich, bis auf einige Ausnahmen. Holen Sie Rat in einer guten Wasserpflanzengärtnerei ein. Nur ein Beispiel sei hier angeführt.

- Indische Lotusblume, *Nelombo nucifera*: Wasserrosengewächs, in Ostasien verbreitet. Große, rosa Blüten erheben sich auf langen Stielen über das Wasser, Wuchshöhe 150 bis 200 cm, Wassertiefe 15 bis 60 cm. Rhizome und Samen sind eßbar. Die Pflanze ist den Indern heilig. Die Haltung ist nur in Warmhäusern oder beheizten Freilandbecken möglich.

Die Flachwasserzone

Diese liegt im Bereich von 10 bis 30 cm. Sie geht einerseits in die Tiefenzone bis etwa 120 cm Wasserstand über und andererseits praktisch fließend in die Sumpfzone. Also sind auch hier – wie

Pflanzen im Badeteich

Tannenwedel, *Hippuris vulgaris.*

bei allen Vegetationszonen und Wassertiefen – die Übergänge nicht streng zu trennen, sie sind übergreifend. In der Flachwasserzone wachsen attraktive Sumpfpflanzen in besonders großer Formenvielfalt. In diesem Bereich entwickeln sich auch die Jugendstadien vieler Amphibien und Wasserinsekten.

● Blutauge, Sumpf-Blutwurz, *Potentilla palustris*: Rote, etwa 3 cm große Blüten, flachwachsende Stengel mit erdbeerähnlichen Blättern. Wuchshöhe bis 20 cm, Wassertiefe bis 10 cm.

● Fieberklee, *Menyanthes trifoliata*: Zierliche, weiße bis rosa, zottig behaarte Blüten, dreilappige, olivgrüne Blätter. Die getrockneten Blätter wurden früher als fiebersenkende Droge verwendet, daher der Name Fieberklee. Wuchshöhe 25 cm, Wassertiefe 5 cm.

● Froschlöffel, *Alisma plantago-aquatica*: Bis über 1 m hohe, pyramidenförmige Rispe, etwa 1 cm große Blüten mit weißen bis leicht rosa Kronblättern. Ovale Blätter bis 25 cm lang und 10 cm breit. Gilt als ideale Teichpflanze. Wuchshöhe 30 bis 80 cm, Wassertiefe bis 25 cm.

● Hechtkraut, *Pontederia cordata*: Auffällige, ährenartige blaue Blüten, weiche, herzförmige Blätter. Aus Nordamerika stammend. Wuchshöhe 60 bis 70 cm, Wassertiefe bis 40 cm.

● Kalmus, *Acorus calamus*: Gelbliche, unscheinbare Blütenkolben, schwertförmige Blätter, ähnlich der Sumpf-Schwertlilie. Die Wurzeln werden zur Magenbittererzeugung verwendet.

Sumpf-Schwertlilie, *Iris pseudacorus.*

Bachminze, *Mentha aquatica.*

Gelbe Gauklerblume, *Mimulus luteus.*

Pflanzen im Badeteich

Drüsiger Gilbweiderich, *Lysimachia punctata*.   Foto: Dr. J. Schmidt

Pflanzen im Badeteich

Blutweiderich, *Lythrum salicaria*. Foto: Dr. J. Schmidt

Pflanzen im Badeteich

Wuchshöhe bis 150 cm, Wassertiefe bis 30 cm.

● Pfeilkraut, *Sagittaria sagittifolia*: Besonders attraktive Sumpfpflanze mit bis 90 cm hohen Blütenrispen und etwa 4 cm großen, weißen Blüten. Pfeilförmige Blätter, bis 25 cm lang und 5 bis 20 cm breit, Wuchshöhe 30 bis 100 cm, Wassertiefe bis 40 cm.

● Rohrglanzgras, *Phalaris arundinacea*: Weißlich-grüne oder rötliche Blütenrispen, Blätter schilfartig, bis 80 cm lang, 2 cm breit. In nährstoffreichem Boden raschwüchsig. Wuchshöhe bis 200 cm, Wassertiefe bis 20 cm.

● Breitblättriger Rohrkolben, *Typha latifolia*: Blütenschaft bis 250 cm hoch, Blütenkolben bis 35 cm lang, hellbraun, Blätter in Reihen, linear, spitz, bis 150 cm lang und 3 cm breit. Wuchshöhe bis 250 cm, Wassertiefe bis 60 cm.

● Schmalblättriger Rohrkolben, *Typha angustifolia*: Blütenschaft bis 150 cm hoch, Blütenkolben bis 40 cm lang, 2 cm dick, braun, Blätter in dichten Reihen, schmal, spitz, bis 150 cm lang, 2 cm breit. Wuchshöhe bis 200 cm, Wassertiefe bis 60 cm.

● Schilf, *Phragmites australis*: Die Halmspitzen tragen bis 40 cm lange, bräun- oder rötliche Ährchen, Blätter graugrün, bis 50 cm lang, 3 cm breit. Starkwüchsige Röhrichtpflanze, mit langen Ausläufern, nur für große Gewässer und Pflanzenkläranlagen geeignet. Wuchshöhe bis 400 cm, Wassertiefe bis 50 cm.

● Schwanenblume, *Butomus umbellatus*: Weißer bis hellrosa doldenartiger Blütenstand. Zart wirkende, attraktive Sumpfpflanze. Wuchshöhe bis 120 cm, Wassertiefe 5 bis 40 cm.

● Seesimse, Teichsimse, *Scirpus lacustris*: Braune Blütenährchen, dunkelgrüne, blattlose Stengel, bis 250 cm hoch, Wassertiefe bis 40 cm.

● Sumpfbinse, *Eleocharis palustris*: An den Stengelspitzen bis 2 cm lange, braune Ährchen, Blatthalme aufrecht, dunkelgrün, rund, steif, bis 50 cm hoch, 4 mm dick. Bildet schöne dichte Gruppen. Wuchshöhe bis 50 cm, Wassertiefe bis 20 cm.

● Tannenwedel, *Hippuris vulgaris*: Unscheinbare grüne Blüten, Triebe mit nadelartigen Blättern, bis 30 cm über der Wasseroberfläche. Eine Zierde für jeden Teich. Wuchshöhe bis 50 cm, Wassertiefe bis 50 cm.

● Wasser-Schwaden, *Glyceria maxima*: Hellgrüne, später bräunliche Blütenhärchen, Blätter rosettig, grasgrün, bis 80 cm lang, 1,5 cm breit. Wuchshöhe mit Blütenähren bis 200 cm, Wassertiefe bis 30 cm.

● Sumpf-Schwertlilie, *Iris pseudacorus*: Schöne gelbe Blüten, schwertförmige, spitze Blätter, bis 100 cm lang und 4 cm breit. Eine typische Sumpfpflanze, Höhe bis 100 cm, Wassertiefe bis 30 cm.

● Zungenblättriger Hahnenfuß, *Ranunculus lingua*: Gelbe, bis 4 cm große Blüten, Stengelblätter bis 15 cm lang und 1 cm breit. Wuchshöhe 50 bis 100 cm, Wassertiefe bis 30 cm.

Pflanzen im Badeteich

● Zwergrohrkolben, *Typha minima*: Blütenschaft bis 80 cm hoch, Blütenkolben bis 10 cm lang, 3 cm dick, braun, Bodenblätter linear, graugrün, bis 50 cm lang, 1 cm breit. Wuchshöhe 50 bis 80 cm, Wassertiefe bis 20 cm.

Die Sumpfzone

Die Sumpfzone ist auch wieder eine Übergangszone. Ein fließender Übergang vom Flachwasser in eine Röhrichtzone oder eine Feuchtwiese. Die beiden letztgenannten Vegetationszonen lassen sich nur dann nach dem Vorbild der Natur verwirklichen, wenn ausreichend Platz vorhanden ist. Eine sehr große Anzahl dekorativer Pflanzen läßt sich in dieser Sumpfzone kultivieren, so daß hier nur einige wenige angeführt werden können. Wie schon angemerkt, sollen Pflanzen immer in Gruppen gesetzt werden, wobei auch die Wuchshöhen zu beachten sind.

● Bachbunge, Bach-Ehrenpreis, *Veronica beccabunga*: Etwa 20 leuchtend blaue Blüten, bis 5 mm groß, an bis 10 cm langen Trauben, dunkelgrüne, rundlich-eiförmige Blätter, bis 5 cm lang und 3 cm breit. Wuchshöhe bis 10 cm, Wassertiefe bis 5 cm.

● Bachminze, Wasserminze, *Mentha aquatica*: Kopfiger Blütenstand mit vielen kleinen zart-lila Blüten, elliptisch-eiförmige Blätter, rot überlaufen, bis 8 cm lang, 4 cm breit. Als Tee zubereitet, aromatisch erfrischend und gutes Hausmittel gegen Leib-

schmerzen. Wuchshöhe bis 60 cm, Wassertiefe bis 10 cm.

● Blutweiderich, *Lythrum salicaria*: Zahlreiche, bis 15 mm breite, dunkelrosa bis violette Blüten, an etwa 50 cm langer Ähre, lanzettförmige Blätter bis 12 cm lang und 3 cm breit. Wichtige Futterpflanze für Schmetterlinge und andere Insekten. Wuchshöhe bis 150 cm, Wassertiefe bis 30 cm.

● Gelbe Gauklerblume, *Mimulus luteus*: Bis 2 cm große, traubig stehende, gelbe Blüten, oval-längliche, spitz gezähnte Blätter. Sehr dekorativer Langblüher, verwildert leicht durch Selbstaussaat. Wuchshöhe bis 40 cm, Wassertiefe bis 5 cm.

● Gilbweiderich, *Lysimachia vulgaris*: Auffällige, gelbe, glockenförmige Blüten, bis 2 cm groß. Blätter bis 14 cm lang, 4 cm breit. Wuchshöhe bis 150 cm, Wassertiefe bis 10 cm.

● Igelkolben, *Sparganium erectum*: Unscheinbare weißlich-grüne Blüten, die bis 3 cm großen Fruchtköpfchen sehen wie kleine, zusammengerollte Igel aus. Blätter grasartig, hellgrün, bis 100 cm lang, 2 cm breit. Neigt zu starker Ausläuferbildung. Wuchshöhe bis 100 cm, Wassertiefe bis 20 cm.

● Pfennigkraut, *Lysimachia nummularia*: Gelbe, bis 1,5 cm große Blüten, kriechender Sproß mit runden, bis 2 cm großen Blättern. Wüchsiger Bodendecker, zur Abdeckung von Beckenrändern gut geeignet. Wuchshöhe 3 cm, Wassertiefe bis 5 cm.

Pflanzen im Badeteich

Fieberklee, *Menyanthes trifoliata*.

Sumpfvergißmeinnicht, *Myosotis palustris*.   Fotos: Dr. J. Schmidt

Pflanzen im Badeteich

Pfennigkraut, *Lysimachia nummularia*.

Froschlöffel, *Alisma plantago-aquatica*.   Fotos: Dr. J. Schmidt

Drüsiger Gilbweiderich, *Lysimachia punctata.*

Igelkolben, *Sparganium erectum.*

xSumpfdotterblume, *Caltha palustris.*

Wiesen-Schwertlilie, *Iris sibirica.*

Pflanzen im Badeteich

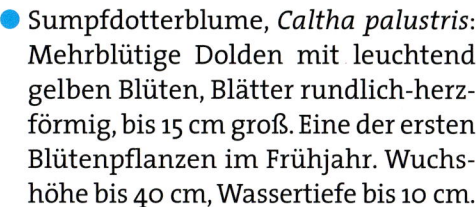

- Sumpfdotterblume, *Caltha palustris*: Mehrblütige Dolden mit leuchtend gelben Blüten, Blätter rundlich-herzförmig, bis 15 cm groß. Eine der ersten Blütenpflanzen im Frühjahr. Wuchshöhe bis 40 cm, Wassertiefe bis 10 cm.
- Sumpf-Segge, *Carex acutiformis*: Blütenstand mit bis 1 cm langen Ährchen, Blätter rosettig, graugrün, bis 100 cm lang, 1 cm breit. Für den naturnahen Teich, bildet dichte Büsche. Auch für kleine Inseln im Wasserteil geeignet. Wuchshöhe bis 100 cm, Wassertiefe bis 20 cm.
- Sumpfvergißmeinnicht, *Myosotis palustris*: Traubenförmiger Blütenstand mit bis 1 cm großen, himmelblauen Blüten, lanzettliche, behaarte Blätter bis 8 cm lang, 2 cm breit. Eignet sich zum Verwildern entlang einer Uferzone. Wuchshöhe bis 35 cm, Wassertiefe bis 5 cm.
- Wasserdost, Wasserhanf, *Eupatorium cannabinum*: Bis 20 cm große Dolden, mit bis 300 kleinen, blaßrosa Korbblüten, Blätter handförmig, behaart, bis 15 cm groß. Begehrte Nahrungspflanze von Insekten, vor allem Schmetterlingen. Wuchshöhe bis 150 cm, Wassertiefe bis 5 cm.
- Wiesen-Schwertlilie, *Iris sibirica*: Der Blütenstengel trägt drei bis fünf blauviolette Blüten, schmale Blätter bis 80 cm lang, 1 cm breit. Eine oder mehrere Gruppen dieser *Iris*-Art sind immer ein besonderer Blickfang. Wuchshöhe bis 60 cm, Wassertiefe bis 5 cm.

49

Pflanzen im Badeteich

● Schmalblättriges Wollgras, *Eriophorum angustifolium*: Bis 2 cm lange Blütenähren; mit der Fruchtreife entstehen die typischen weiß-glänzenden Haarbüschel. Bis 30 cm lange, borstenförmige Blätter. Wuchshöhe bis 40 cm, Wassertiefe bis 20 cm.

Es ist keinesfalls sinnvoll, viele Pflanzen und diese womöglich noch wahllos zusammenzusetzen. Die Pflanzenauswahl für die einzelnen Zonen muß sich nach den örtlichen Gegebenheiten richten. Lassen Sie sich nicht nur von erfahrenen Fachleuten beraten, schauen Sie sich auch Teiche in Ihrer Umgebung an. Die Natur ist das Vorbild.

Entnehmen Sie die Pflanzen aber keinesfalls der freien Natur! Viele Arten stehen unter Naturschutz. Besorgen Sie sich die Pflanzen im Fachhandel oder bei Teichbesitzern und Vereinen, die überschüssige Pflanzen gern abgeben.

Ein Männchen der Blaugrünen Mosaikjungfer, *Aeshna cyanea*. Libellen stechen nicht! Die Flugkünstler sind gern gesehene Gäste am Naturteich.
Foto: Dr. J. Schmidt

Tiere im und am Badeteich

Wenn die Umgebung des neuen Badeteichs naturnah ist oder wenn sich in der Nähe sogar ein Teich befindet, dann werden Amphibien von selbst zuwandern und ihren neuen Lebensraum annehmen. Wie schon in der Einleitung erwähnt, brauchen die Tiere in den Gärten zumindest einige „naturnahe Ecken", um sich zurückziehen und überwintern zu können. Diese Tiere brauchen eine Blumenwiese, eine Ecke mit Buschwerk, ein Haufen Äste, eventuell mit Laub vermischt und als Zugabe eine Trockenmauer aus Natursteinen oder einfach nur ein Steinhaufen mit vielen Hohlräumen.

Frösche, Molche und Kröten, aber auch Eidechsen werden im und am Badeteich zu beobachten sein. Insekten wie Schmetterlinge, und auch Vögel werden kommen. Vor allem Libellen werden ihre grandiosen Flugkünste zeigen, Wasserläufer und Rückenschwimmer werden zu sehen sein.

Gerade für Kinder ist das ein besonderes und lehrreiches Erlebnis. So lernen sie komplexe Zusammenhänge der Natur kennen und werden sich später auch für unsere Umwelt und Natur einsetzen. Neben Naturbeobachtungen im eigenen Garten und der damit verbundenen Freude, wenn zum Beispiel erstmals Frösche ablaichen, ist damit auch ein positiver erzieherischer Wert verbunden.

Die Tiere werden Sie beim Baden und Schwimmen niemals stören. Im Gegenteil, sie werden sich in die Pflanzenzonen zurückziehen. Wenn es Sie aber davor ekelt und Sie in „so ein Wasser" nicht gehen können, dann gilt wieder: Hände weg von einem naturnahen Badeteich. Dann kommt der „Chemotümpel" zum Einsatz, also der Swimmingpool, mit entsprechendem Pflegeaufwand, Betriebskosten und Chemikalien, um Algenwuchs zu verhindern und das Wasser klar zu halten.

Nur ein paar der häufigsten Tiere im und am Wasser können hier kurz vorgestellt werden, da die Vielfalt, mehr noch als bei den Pflanzen, sehr groß ist, allein die Mikroorganismen und wirbellosen Wassertiere – wie beispielsweise – Wasserflöhe, füllen Bände.

Als Leitsatz muß jedoch gelten: Keinesfalls Tiere der freien Natur entnehmen und am oder im Teich ansiedeln. Sie kommen von allein, wenn der neue Lebensraum und die Umgebung für sie in Ordnung sind.

Rotbauchunken, *Bombina bombina*, sind seltene Tiere, die sich nur in Ausnahmefällen am Badeteich ansiedeln. Foto: Dr. J. Schmidt

51

Tiere im und am Badeteich

Sich paarende Grasfrösche, *Rana temporaria*.

Amphibien

Diese sind, bis auf wenige Ausnahmen, zur Fortpflanzung auf Gewässer angewiesen. Als Lebensräume bevorzugen sie vegetationsreiche Gebiete wie Wiesen, Waldränder, Riedflächen und Mischwälder.

- Grasfrosch, *Rana temporaria*: Dies ist von den drei Braunfroscharten jene, die bei uns am häufigsten anzutreffen ist. Er wird bis 10 cm groß und ist durch seinen gedrungenen Körper, seine abgerundete Schnauze und einem dunklen Schläfenfleck leicht zu erkennen. Die Körperoberseite ist hellbraun bis schwarzbraun gefärbt, mit dunklen Flecken, die Hinterbeine und die heller gefärbte Unterseite sind marmoriert. Die Färbung ist sehr variabel und von Standort zu Standort unterschiedlich.

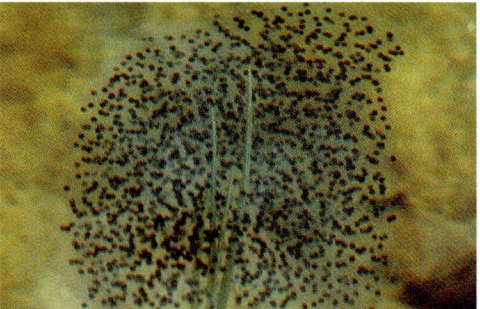

Grasfrosch-Laichballen

Im Februar, März, gleich nach der Schneeschmelze kommen die ersten Grasfrösche und setzen ihre Laichballen, mit bis zu 4 000 Eiern, im seichteren Wasser ab. Oft sind Teile des Gewässers noch zugefroren. Nach drei bis vier Wochen schlüpfen die ersten Kaulquappen aus den Eiern. Es dauert dann noch etwa drei Monate bis zur Umwandlung – der Metamorphose – der Kaulquappen in kleine Grasfrösche. In großer Zahl verlassen nun die Jungfrösche ihr Geburtsgewässer und werden erst mit drei Jahren geschlechtsreif. Nur wenige werden überleben und sich fortpflanzen, da es eine Vielzahl

Geschlüpfte Larven im Grasfrosch-Laichballen.

Frisch umge-wandeltes Grasfrosch-Jungtier.

von Freßfeinden gibt wie Libellen- und Wasserkäferlarven, Molche, Fische und andere.

- Springfrosch, *Rana dalmatina*: Er ist kleiner, 6 bis 9 cm, und graziler als der Grasfrosch, mit diesem aber leicht zu verwechseln. Seine Kopfform ist spitzer und der Schläfenfleck ist auffälliger. Die Oberseite des Körpers ist rötlichbraun gefärbt, mit einer spärlicheren Zeichnung. Die Unterseite des Körpers ist von hellbrauner Farbe. Auffallend lang sind die Hinterbeine, sie weisen eine dunkle Querbänderung auf. Vermehrung und Lebensweise sind der des Grasfroschs sehr ähnlich. Sie benötigen vegetationsreiche Laubmischwälder und Überwinterungsmöglichkeiten an Land, in Erdlöchern oder Baumstümpfen.
- Moorfrosch, *Rana arvalis*: Er ist schwer vom Grasfrosch zu unterscheiden, wird etwa 6 bis 8 cm groß, wirkt aber nicht so wuchtig. Er hat eine gelblichbraune Körperoberseite mit dunklen Zeichnungen. Zur Laichzeit werden die Männchen hell- bis dunkelblau. Ihr Lebensraum sind Moore, sumpfige Wiesen und feuchte Auwälder.

Während die genannten Braunfrösche gleich nach der Eiablage das Gewässer verlassen, verbringen die in der Folge beschriebenen Grünfrösche ihr gesamtes Leben im oder unmittelbar neben dem Wasser. Sie sind nur schwer voneinander zu unterscheiden. Frösche sind in ihrer Färbung sehr variabel und passen sich ihrer Umwelt an – sicher-

lich eine Überlebensstrategie. Grün- oder Wasserfrösche können also auch ohne weiteres braun gefärbt sein.

- Teichfrosch, *Rana lessonae*: Die Körperoberseite ist meist intensiv grün gefärbt. Oft ist ein hellerer Rückenstreifen vom Kopf bis zu den Hinterbeinen vorhanden und die Oberschenkel sind schwarzbraun marmoriert. Die 6 bis 9 cm großen Teichfrösche kommen relativ häufig vor, auch in kleineren Gewässern. Mit den seitlichen paarigen, weißlich gefärbten Schallblasen „veranstalten" sie während der Paarungszeit ihre berühmten Froschkonzerte. Von April bis Juni legen die Weibchen Laichballen ab, die bis 1 500 Eier enthalten können. Schon nach sieben Tagen schlüpfen die 5 bis 7 mm großen Kaulquappen. Die gesamte Entwicklung von der Larve zum Frosch dauert drei bis vier Monate. Meist überwintern sie in ihrem Gewässer auf dem Teichgrund, gelegentlich auch an Land, wenn geeignete feuchte und frostsichere Plätze vorhanden sind.
- Wasserfrosch, *Rana kl. esculenta*: Hell- bis dunkelgrün ist die Färbung der Körperoberseite, oft mit einer streifenartigen Zeichnung oder unterschiedlichen Flecken versehen. Die Färbung und Zeichnung dieser 9 bis 12 cm groß werdenden Frösche ist sehr variabel. Sie besitzen ebenfalls seitlich paarig angeordnete, weißlich gefärbte Schallblasen. Diese hybridisierte Art ähnelt in ihrem Aussehen

Tiere im und am Badeteich

den Teich- und Seefröschen und lebt meist mit einer der Stammformen in einem Gewässer beisammen.

● Seefrosch, *Rana ridibunda*: Er wird 12 bis 16 cm groß und ist damit die größte der drei Grünfroscharten. Die Körperoberseite ist olivfarben, grün-braun oder braun gefärbt. Oftmals ist ein grüner Rückenstreifen zu sehen. Die Männchen besitzen seitlich zwei, gräulich gefärbte Schallblasen und mit ihren Paarungsrufen unterscheiden sie sich vom Teich- und Wasserfrosch. Ihr Vorkommen ist an größere Gewässer gebunden.

● Laubfrosch, *Hyla arborea*: Seine Körperoberseite ist grasgrün, grüngelb, grau bis braun gefärbt, insgesamt so variabel, daß er sich perfekt an seine Umgebung anpaßt. So ist dieser 3 bis 5 cm große Frosch kaum zu entdecken. Vom Auge bis zum Körperende reicht ein schwarz-weißer Doppelstreifen und begrenzt deutlich die helle, weiß-grau gefärbte Bauchseite. An den Fingern und Zehen besitzen sie als einzige heimischen Lurche Haftscheiben, damit klettern sie geschickt im Buschwerk und halten sich auch an glatten Blättern fest. Erst bei Einbruch der Dämmerung werden sie aktiv und gehen auf Nahrungssuche. Zur Laichzeit von April bis Juni ist in der Nacht der oft ohrenbetäubende Ruf der Männchen zu hören. Im seichten Wasser legen die Weibchen walnußgroße Laichklumpen mit bis zu 1 000 Eiern ab. Anfang

Teichfrosch, *Rana lessonae*.

Laubfrosch, *Hyla arborea*, gut getarnt.

Erdkröte, *Bufo bufo*, Weibchen.

Erdkröten paaren sich im März/April.

Erdkröten-Laichschnüre

Erdkröten-Laichschnüre mit schlüpfenden Larven.

Erdkröten-Kaulquappen

Erdkröten-Kaulquappe in der Metamorphose.
Die Hinterbeine sind bereits entwickelt.

Tiere im und am Badeteich

August verlassen die ungefähr 1 cm großen Jungfrösche das Laichgewässer. In die Erde eingegraben, überwintern sie in der Nähe der Teiche. Vegetationsreiche Landschaften sind ihre Lebensräume.

Kröten leben nicht unmittelbar an Teichen, sie besiedeln unterschiedliche Lebensräume wie Wiesen, Felder, Gärten, Parkanlagen und Wälder. Bei Einbruch der Dämmerung begeben sie sich auf Nahrungssuche, sind also nachtaktiv. Fast alles, was sie bewältigen können, steht auf ihrem Speiseplan: Schnecken, Würmer, Käfer und andere Insekten. Tagsüber leben sie versteckt in Gewässernähe oder dichter Vegetation an schattigen und feuchten Plätzen. Sie benötigen jedoch ebenfalls Gewässer, um sich fortpflanzen zu können. Kröten besitzen Hautdrüsen, aus denen sie bei Gefahr, unangenehm riechende und leicht ätzende Exkrete abgeben können. Bei Kontakt mit Schleimhäuten verursachen sie ein Brennen. Vollkommen zu unrecht wurden Kröten als häßliche, eklige Tiere abgetan. Diese Einstellung hat sich mittlerweile geändert und sie werden als harmlose, jedoch um so nützlichere und absolut schützenswerte Tiere erkannt. Schauen Sie einmal einer Erdkröte in ihr goldenes Auge und sie werden von diesem Anblick sicher beeindruckt sein.

● Erdkröte, *Bufo bufo*: Die 8 bis 13 cm großen Erdkröten sind hell- bis dunkelbraun gefärbt. Neben ihrer gedrungenen Gestalt ist die warzige

55

Tiere im und am Badeteich

Hautoberfläche und sind die großen
Ohrendrüsenwülste hinter den Augen
auffallend, ebenso die waagerechten
Augenpupillen.

Von den verschiedenen Krötenarten in
unseren Breiten wird vor allem die
Erdkröte Ihren Badeteich als Laichgewässer entdecken. Im Februar oder
März verlassen sie ihre Winterquar-
tiere und wandern zu den Laichgewäs-
sern. Bei diesen Krötenwanderungen
werden alljährlich Tausende beim
Überqueren der Straßen überfahren.
Zunehmend werden zum Schutz dieser
nützlichen Tiere Leiteinrichtungen wie
Krötentunnel errichtet und von Natur-
schutzorganisationen betreut.

Die Männchen, die immer in der Über-
zahl sind, kämpfen um jedes Weibchen.
Nachts werden die Eier in langen, dop-
pelten Laichschnüren abgelegt und an
Wasserpflanzen befestigt. Diese können
bis zu 7000 Eier enthalten. Nach der
Paarung verlassen die Erdkröten ihre
Laichgewässer, gehen wieder an Land
und halten sich tagsüber in feuchten
Unterschlüpfen versteckt. Mit Beginn
der Dämmerung gehen sie auf Futtersuche und erbeuten Schnecken, Würmer, Asseln, Spinnen und Käfer.

● Wechselkröte, *Bufo viridis*: Die Wechselkröte wird bis 10 cm groß, wobei
die Männchen kleiner bleiben. Die
Grundfärbung der warzigen Körperoberfläche ist grau-braun mit oliv-
grünen Flecken. Einzelne Hautwarzen können rötlich gefleckt sein. Von
April bis Ende Mai laichen sie in allen

Die Metamorphose ist fast abgeschlossen.

Krötenwanderung – Tod durch Überfahren.

Wechselkröte, *Bufo viridis*.

Gelbbauchunke, *Bombina variegata*, sich an der
Wasseroberfläche treiben lassend.

Tiere im und am Badeteich

erreichbaren Gewässern ab. Von kleinen Teichen bis hin zu Seen. Die Weibchen legen 2 bis 4 m lange Laichschnüre mit bis zu 10 000 Eiern ab. Die Wechselkröten sind wesentlich aktiver als Erdkröten und legen, als vorwiegend nachtaktive Tiere, auch größere Strecken zurück. Bei kühler und feuchter Witterung können sie auch tagsüber beobachtet werden.

● Kreuzkröte, *Bufo calamita*: Diese kleine Krötenart wird bis 8 cm groß, und bevorzugt als Lebensraum sandige Böden mit lockerer Vegetation. Die warzige Körperoberfläche ist graubraun gefärbt. Ein heller Rückenstreifen reicht vom Kopf bis zum Körperende, er ist nicht bei allen Kreuzkröten sichtbar. Die kurzen Hinterbeine ermöglichen ihr kleine Schritte. Kröten bewegen sich mehr laufend als hüpfend. Ihr genügen bereits kleine Laichgewässer mit wenig Pflanzenwuchs, in denen das Weibchen bis 4 000 Eier in Schnüren absetzt. Bereits nach vier bis sechs Tagen schlüpfen die Larven. Die Metamorphose findet meist im Juli oder August statt. Durch die Zerstörung ihrer Lebensräume wie Trockenlegung von Kleingewässern ist sie bereits selten geworden. Kreuzkröten überwintern tief im Erdboden vergraben.

● Knoblauchkröte, *Pelobates fuscus*: Die Körperoberfläche der Knoblauchkröte ist braun bis grün gefärbt, mit hellen Zeichnungen. Die Haut ist glatt, mit nur wenigen kleinen Warzen. Sie gehört zur Familie der Krötenfrösche, wird bis 8 cm groß und lebt tagsüber meist eingegraben im lockeren Bodengrund. Fersenhöcker an den Hinterbeinen dienen zum Graben. Bei Einbruch der Dunkelheit gehen sie auf Insektenjagd. Nur kurz suchen sie kleine Gewässer auf, um in Laichschnüren von 50 bis 70 cm Länge bis zu 1 000 Eier abzulegen. Auffallend sind die bis 12 cm großen Kaulquappen, die meist im Wasser überwintern. Der Name kommt von ihrem nach Knoblauch riechenden Exkret, welches der Verteidigung dient.

● Geburtshelferkröte, *Alytes obstetricans*: Sie erreicht eine Größe bis 5 cm und gehört wie die nachfolgend beschriebenen Unken zur Familie der Scheibenzüngler. Die Körperoberseite ist grau-braun gefärbt. Auffällige seitliche Warzenreihen reichen von den Augen bis zu den Hinterbeinen. Nur bei dieser Krötenart findet die Paarung, von Mai bis Juni, an Land statt. Das Männchen trägt die Laichschnüre mit bis zu 70 Eiern um die Hinterbeine gewickelt mit sich herum. Nach vier bis sechs Wochen werden die nun schlüpfenden Kaulquappen in meist kleine Gewässer entlassen. Diese Art der Brutpflege ist eine Besonderheit bei Amphibien und macht sie von dauerhaften Gewässern ziemlich unabhängig. Als nachtaktive Tiere leben sie tagsüber versteckt in Erdhöhlen oder unter Wurzeln.

57

Tiere im und am Badeteich

● Gelbbauchunke, *Bombina variegata*: Zur Familie der Scheibenzüngler gehörend, wird die Gelbbauchunke bis 5 cm groß. Charakteristisch sind ihre herzförmigen Pupillen. Die Oberseite des Körpers ist grau-braun gefärbt, mit dunklen Flecken und vielen Hautwarzen versehen. Auffallend zur Tarnfarbe ihres Rückens ist ihre gelb-schwarz gezeichnete Bauchseite. Bei Gefahr nehmen sie eine typische Schreck- und Abwehrstellung ein, indem sie sich auf den Rücken legen und ihre grell gefärbte Bauchseite schalenartig präsentieren (Unkenreflex). Mit dieser Signalfarbe warnen sie Angreifer vor ihrem, für Menschen ungefährlichen, giftigen und ätzenden Hautsekret. Typisch sind auch in der Laichzeit die zarten Rufe der Männchen, um die Weibchen anzulocken. Vom Frühjahr bis in den Sommer hinein können dann mehrere Eiablagen im seichten Wasser erfolgen. Bis zu 100 Eier werden in kleinen Klumpen an Wasserpflanzen, Wurzeln oder Steinen angeheftet. Bereits nach acht bis zehn Tagen schlüpfen die Kaulquappen. Mit einer Körpergröße von etwa 1,5 cm erfolgt ihre Metamorphose und sie gehen an Land. Bei späten Gelegen überwintern die Kaulquappen im Laichgewässer. Sie bevorzugen sonnige Gewässer und sind mit kleinen Tümpeln und sogar temporären Pfützen zufrieden. Gerne lassen sie sich mit ausgestreckten Gliedmaßen an der Wasseroberfläche treiben. Würmer und Insekten sind ihre Nahrung, die sie im Wasser und an Land erbeuten. Die Überwinterung kann am Teichgrund erfolgen, meist aber doch an Land in frostsicheren Höhlen und unter Wurzeln.

● Rotbauchunke, *Bombina bombina*: In Größe und Aussehen sind sie der Gelbbauchunke sehr ähnlich, deshalb sind sie leicht zu verwechseln, allerdings leben selten beide Arten zusammen, da sie konkurrieren. Beide haben verschiedene Verbreitungsgebiete. Rotbauchunken sind im Tiefland Europas verbreitet; auch sie sind durch Trockenlegungen ihrer Lebensräume stark gefährdet.

Molche und Salamander leben recht versteckt und sind daher leicht zu übersehen. Aber gerade ihnen können wir mit unserem Badeteich Schutz und Lebensraum bieten. Ihre Lebensweise ist schon aufgrund ihrer Fortpflanzung an das Wasser gebunden, daher ist vor allem mit Molchen als „Einwanderer" im Badeteich zu rechnen.

● Teichmolch, *Triturus vulgaris*: Er zählt zu den verbreiteten Molcharten. Die schlanken, bis 11 cm großen Tiere sind unterschiedlich gefärbt. Beide sind braun bis oliv, mit dunklen Flecken und Punkten gezeichnet, die beim Männchen intensiver sind. In der Laichzeit, schon ab Ende Februar, zeigen die Männchen eine orangefarbene Bauchunterseite und gewellte Rücken- und Schwanzsäume. Die Weib-

Teichmolch, *Triturus vulgaris*, Männchen.

Teichmolch, *Triturus vulgaris*, Weibchen.

Teichmolchei im gefalteten Wasserpflanzenblatt.

Teichmolchlarve, deutlich sind die Kiemenbüschel am Kopf zu sehen.

Tiere im und am Badeteich

chen legen bis zu 300 Eier einzeln in zusammengefalteten Wasserpflanzenblättern ab. Sie sind daher auf vegetationsreiche Teiche angewiesen. Nach der Eiablage, meist Ende Juni, verlassen die Molche wieder das Gewässer, um an Land zu leben. Bei günstigen Bedingungen entwickeln sich innerhalb von 14 Tagen die Larven. Diese werden bis 4 cm groß und haben wie alle Molcharten äußere Kiemenbüschel. Teichmolche sind ausgezeichnete Schwimmer, die zum Luftholen immer wieder an die Oberfläche kommen müssen. Ihre Nahrung besteht aus Wasserflöhen, Mückenlarven, Würmern und Insekten. Die Wasseroberfläche des Schwimmteichs wird garantiert immer frei von hineingefallenen Fliegen und anderen Insekten sein. Im Gegensatz zum Swimmingpool ersparen Sie sich so das tägliche zeitraubende Abfischen. Als Landtiere ziehen sich die Molche tagsüber an feuchte Stellen unter Wurzeln, Moosen und Steinen zurück. In der Nacht gehen sie auf Nahrungssuche und fressen alles, was sie überwältigen können wie Asseln, Würmer und anderes Kleingetier. Wenn Ihr Garten passende Lebensräume aufweist, werden sich Molche dauerhaft ansiedeln.

● Kammolch, *Triturus cristatus*: Er wird bis 18 cm lang und ist damit die größte einheimische Molchart. Er kommt wesentlich seltener vor, als der zuvor beschriebene Teichmolch. Die Grundfärbung des Körpers ist schwarz-

Tiere im und am Badeteich

braun. Zur Paarungszeit, die schon im März beginnt, bildet das Männchen einen auffällig hohen, gezackten Rückenkamm aus, der für die Art namensgebend ist. Der seitlich abgeflachte Schwanz weist einen oberen und unteren Hautsaum auf. Zahlreiche dunkle Punkte treten an der Oberseite und an der gelb bis orangefarbenen Bauchseite auf. Auffallend ist ein heller Streifen an den Schwanzseiten. Die Weibchen werden größer als die Männchen und legen bis 250 Eier, die einzeln an Wasserpflanzenblätter geheftet werden. Häufig bleiben die Alttiere nach der Balz und Eiablage noch längere Zeit im Wasser. Nach zwei Wochen schlüpfen die 1 cm großen Larven und benötigen etwa drei Monate bis zur Metamorphose. Wie kleine „Krokodile" bewegen sie sich im Wasser, das sie mit etwa 7 cm Größe verlassen. Erst nach drei Jahren werden sie geschlechtsreif. Ansonsten ist ihre Lebensweise im Wasser und an Land ähnlich jener der Teichmolche.

Ein Teichmolch-Jungtier geht an Land.

Ein Feuersalamander, *Salamandra salamandra*, überquert die Straße und ist dadurch stark gefährdet.

- Bergmolch, *Triturus alpestris*: Der in den höheren Lagen der Bergregionen vorkommende Bergmolch ist wohl der schönste heimische Molch. Er kann aber durchaus auch im Flachland vorkommen und lebt häufig mit den beiden vorgenannten Arten in Gemeinschaft. Die Körperoberseite der Männchen ist blau gefärbt, der Rücken und Schwanz sind braunschwarz gefleckt. Die Weibchen zeigen eine oliv bis bräunlich gefärbte Körperoberseite. Bei beiden ist die Bauchseite grell orange. Auf dem Rücken hat das Männchen einen niederen, gelb-schwarz gezeichneten, glatten Kamm. Die Lebensweise und Laichzeit der bis 8 cm lang werdenden Tiere sind mit der des Kammolchs vergleichbar. Die Larven schlüpfen nach etwa 14 Tagen und benötigen drei Monate bis zur Metamorphose.

- Fadenmolch, *Triturus helveticus*: Die bis 10 cm großen Tiere kommen in Mittel- und Westeuropa vor. Diese schlanken Molche sind braun gefärbt, mit Längsstreifen auf dem Rücken. Sie sind daher leicht mit weiblichen Teichmolchen zu verwechseln. Die Männchen besitzen einen ausgeprägten Ruderschwanz, dieser läuft in einem kurzen Schwanzfaden aus.

Tiere im und am Badeteich

Ein weiteres Merkmal sind die großen, dunklen Schwimmhäute an den Hinterbeinen. Bis zu 300 Eier werden einzeln in Pflanzenblätter eingewickelt, nach zwei bis vier Wochen schlüpfen die Larven, die sich nach etwa drei Monaten in Jungmolche umwandeln und mit ungefähr 3 cm Größe an Land gehen. Ihre Lebensweise ähnlich jener der Teich- und Kammolche, mit denen sie gelegentlich ihren Lebensraum teilen.

- Feuersalamander, *Salamandra salamandra*: Die Grundfarbe der bis 20 cm langen Tiere ist glänzend schwarz, mit sehr variablen gelb bis rot gefleckten Körperzeichnungen. Mit ihrer auffälligen Färbung gehören sie zu den schönsten einheimischen Lurchen. Im Frühling findet die Paarung an Land statt. Die Entwicklung der Embryonen im Mutterleib dauert bis zu acht Monaten. Die eilebendgebärenden (ovoviviparen) Feuersalamanderweibchen setzen ihre 10 bis 50, bereits 3 cm großen, Larven meist im März in flache Gewässer ab. Die Larven, welche schon alle vier Beine besitzen, benötigen kühles (höchstens 18 °C) und sauerstoffreiches Wasser für ihre weitere Entwicklung. Sie werden daher zumeist in kleinen Waldbächen abgesetzt. Folglich werden sie sicher nicht im Badeteich zu finden sein. Bis zu ihrer Metamorphose vergehen etwa fünf Monate und sie verlassen das Wasser, um an Land zu gehen. Erst nach vier Jahren werden sie geschlechtsreif, sie werden bis zu 30 Jahre alt. Ihr Lebensraum sind vegetationsreiche Wälder und Waldränder, wobei sie Laubmischwälder, insbesondere Buchenwälder bevorzugen. Ihre Nahrung besteht aus Asseln, Spinnen, Würmern, Nacktschnecken und anderem Kleingetier. Trotz ihrer auffälligen Erscheinung wird man die ziemlich giftigen (für den Menschen ungefährlichen) Feuersalamander selten zu Gesicht bekommen. Durch die Zerstörung ihrer Lebensräume und durch das Überfahren beim Überqueren von Straßen, werden auch sie immer seltener.

- Alpensalamander, *Salamandra atra*: Diese bis 16 cm langen Lurche sind durchgehend glänzend schwarz, manchmal leicht braun, gefärbt. Nach einer Trächtigkeit von bis zu drei Jahren werden meist nur zwei, manchmal vier, voll lebensfähige, bis zu 4 cm große Jungsalamander, lebend (ovovivipar) geboren. Nach drei bis fünf Jahren sind Alpensalamander fortpflanzungsfähig. Sie leben meist als Einzelgänger in Höhen ab 400 m bis maximal 3 000 m, in den Alpen. Bevorzugt in Wäldern mit feuchten, schattigen Stellen, bis in die Geröllregionen, sofern genügend Pflanzenwuchs und Nahrung vorhanden sind. Auch Alpensalamander stehen unter Naturschutz. Auch sie werden Ihren Badeteich nicht bevölkern – schon wegen ihres alpinen Verbreitungsgebiets.

Tiere im und am Badeteich

Fische sollten in Badeteichen – wenn überhaupt – nur in wenigen Exemplaren vertreten sein. Es sollten nur soviele, besser gesagt sowenige, eingesetzt werden, daß diese mit dem natürlichen Futterangebot ihr Auskommen finden, ohne die Teichökologie gänzlich durcheinanderzubringen. Sie zusätzlich zu füttern, würde die Teichbiologie empfindlich stören.

Vor dem Einsetzen der Fische muß genau überlegt werden, welche überhaupt infrage kommen und wieviele Exemplare eingesetzt werden sollen. Man muß unbedingt bedenken, daß sie nicht nur größer werden können, sondern sich auch bei guten Bedingungen vermehren werden. Ein Schwarm Kleinfische ist immer besser und artgerechter als von einigen Arten jeweils ein paar Exemplare. Erkundigen Sie sich auch in diesem Fall genau, damit Sie später keine unangenehmen Überraschungen erleben. Bedenken Sie jedenfalls auch: Je mehr Fische eingebracht werden, desto weniger Amphibien können überleben. Vor allem bei kleineren Badeteichen müssen Sie sich unbedingt vorher überlegen, ob Sie wichtige, neue Lebensräume für Amphibien schaffen oder sich nur an Fischen erfreuen wollen. Die Entscheidung muß vor dem Einsetzen von Fischen getroffen werden.

Hier können nur einige empfehlenswerte Arten vorgestellt werden, die im Fachhandel oder auch beim Abfischen von Fischteichen erhältlich sind.

● **Bitterling**, *Rhodeus amarus*: Der bis zu 9 cm große Bitterling ist der kleinste einheimische Karpfenfisch und ist in ganz Europa verbreitet. Die Färbung des Rückens ist graugrün, die der Seiten silbrig-rosa. In der Laichzeit, von April bis Juni, zeigen die Männchen eine prächtige Laichfärbung. Sie sind leuchtend rot und blau gefärbt, desweiteren ist eine blaugrüne Längsbinde von der Körpermitte bis zur Schwanzwurzel zu sehen. Ein sogenannter Laichausschlag, das sind kleine weiße Punkte an Maul und Kopf, ist ein weiteres typisches Merkmal. Dann sind Bitterlingsmännchen ohne weiteres mit tropischen Aquarienfischen vergleichbar. Mittels einer 3 bis 4 cm langen Legeröhre setzt das Weibchen blitzschnell einige Eier in die Atemöffnung einer lebenden Teichmuschel, *Anodonta cygnea*, ab. Das Männchen gibt seinen Samen im Bereich der Atemöffnung ab und mit dem Atemwasser wird dieser von der Muschel eingesaugt. So werden die 40 bis 100 Eier befruchtet. Während ihrer drei- bis vierwöchigen Entwicklungszeit werden die Eier immer mit dem notwendigen Sauerstoff versorgt, ohne das Wirtstier zu schädigen. Die Fischlarven halten sich noch einige Zeit im Schutz der Muschel auf, um dann als schwimmfähige Jungfische die Muschel zu verlassen. Während dieser Brutzeit betreibt das Männchen aktive Brutpflege und bewacht die

Bitterlinge, *Rhodeus amarus*, oben Männchen.

Bitterlingsmännchen, rechts, in Laichfärbung.

Teichmuschel, *Anodonta cygnaea*; in diese legen die Bitterlingsweibchen ihre Eier. Muschel und Gelege werden vom Männchen bewacht.

Ein Schwarm junger Bitterlinge.

Muschel aufmerksam. Bitterlinge sind friedliebende Schwarmfische, die pflanzenbestandene Uferregionen der Gewässer besiedeln. Sie ernähren sich von Algenaufwuchs, Kleinkrebsen, Röhrenwürmern, Insektenlarven und anderen kleinen Lebewesen. Da sie auch kaum Amphibienlarven fressen, sind sie für einen Schwimmteich durchaus zu empfehlen. Allerdings müssen auch Teichmuscheln eingesetzt werden, um ihre Fortpflanzung zu sichern. Das heißt weiterhin, daß Sie sich über die Lebensweise dieser Teichmuscheln informieren müssen. Dazu gibt es im Kapitel Muscheln die notwendigen Hinweise.

Im Handel werden gelegentlich asiatische Bitterlinge angeboten. Meine dringende Empfehlung dazu, Hände weg, da es ganz leicht zu Faunenverfälschungen kommen kann. Was das konkret bedeutet, lesen Sie bei der Beschreibung des Blaubandbärblings.

● Moderlieschen, *Leucaspius delineatus*: Diese bis 9 cm langen silbrigen Schwarmfischchen gehören ebenfalls zu den Karpfenfischen. Der Rücken hat einen graugrünen bis olivbraunen Farbton und an den Flanken ist oft ein durchgehender, stahlblauer Längsstreifen vom Kopf bis zur Schwanzflosse zu sehen. In der Laichzeit, von April bis Juni, werden von den Weibchen die Eier spiralförmig an Wasserpflanzenstengel geklebt. Aufmerksame Beobachter

63

Tiere im und am Badeteich

können an den leichten Bewegungen der Wasserpflanzen über Wasser, genau erkennen, an welchem Stengel gerade Eier angeklebt werden. Bis zum Schlupf der Larven, nach etwa zehn bis zwölf Tagen, bewachen die Männchen die Brut vor Freßfeinden. Als Lebensraum bevorzugen sie dicht bewachsene Teiche, in denen sie in kleinen Schwärmen alle Bereiche nach Futter absuchen. Sie weiden Algen ab, fressen Kleinkrebse, Insekten und deren Larven. Es ist wirklich ein hübscher Anblick, wenn solch ein Schwarm dieser silbrig glänzenden Fischchen umherschwimmt und auch an der Wasseroberfläche nach Insekten sucht. Diese Fische sind ebenso empfehlenswert, weil sie selten Amphibieneier fressen. Aber wie schon gesagt, nicht in ein paar Exemplaren, sondern als Schwarm von etwa 20 bis 50 Individuen, natürlich abhängig von der Größe des Badeteichs. Sie sind sehr gut mit den zuvor beschriebenen Bitterlingen zu vergesellschaften.

● Dreistacheliger Stichling, *Gasterosteus aculeatus*: Ebenfalls ein Kleinfisch mit einer Länge von 5 bis 8 cm, mit einem besonders interessanten Balz- und Laichverhalten. Die Grundfärbung ist olivgrün bis blaugrau, bei silbrig glänzendem Bauch und Flanken. Namensgebend und charakteristisch sind die beweglichen Rücken- und Bauchstacheln. Die Laichfärbung des Männchens ist außergewöhnlich prächtig.

Ein Schwarm Moderlieschen im Badeteich.

Moderlieschen, *Leucaspius delineatus*.

Blaubandbärbling, *Pseudorasbora parva*.

Sonnenbarsche, *Lepomis gibbosus*, gehören nicht in unsere Gewässer.

Der Rücken ist dann grünblau, die Bauchseite grellrot und die Augeniris hellblau gefärbt. Von März bis Juni dauert die Laichzeit, in der die Männchen nicht nur ihr imposantes Hochzeitskleid zeigen, sondern auch Brutreviere abgrenzen. Aus Pflanzenteilen wird vom Männchen ein kunstvolles Bodennest gebaut, in welches ein laichreifes Weibchen, mit auffälligen, ruckartigen Schwimmbewegungen zur Eiablage gelockt wird. Das Weibchen wird nach der Eiablage vertrieben und die 20 bis 50 Eier werden vom Männchen bewacht und vehement verteidigt. Auch wesentlich größere Feinde werden angegriffen und vertrieben. Die Brutpflege dauert so lange an, bis sich die Jungfische alleine behaupten können.

Stichlinge sind in ganz Europa verbreitet, kommen in verkrauteten Teichen, Seen und langsam fließenden Bächen, aber auch im Meerwasser vor. Sie leben von Würmern, Larven und anderem Kleingetier, allerdings fressen sie auch besonders gerne Lurchlarven. Sie sind nicht für Teiche geeignet, die als Lebensraum und der Fortpflanzung von Amphien oder anderen Kleinfischarten dienen sollen.

- Zwergstichling, *Pungitius pungitius*: Der Zwerg- oder Neunstachelige Stichling erreicht eine Länge von 5 bis 7 cm und besitzt sieben bis zwölf bewegliche Rückenstacheln. Dadurch unterscheidet er sich im wesentlichen vom Dreistacheligen Stichling, der zwei bis fünf bewegliche Rückenstacheln aufweist. Seine Färbung, sein Laichverhalten, seine Lebensweise und sein Vorkommen ähneln stark dem Dreistacheligen Stichling. Allerdings stellen sie dem Amphibienlaich nicht so stark nach wie ihre Vettern, und sie sind auch nicht so verbreitet wie diese.

- Ukelei, Laube, *Alburnus alburnus*: Ein schlanker, bis 18 cm langer Karpfenfisch, der sich meist in Ufernähe in kleinen Schwärmen aufhält. Der Körper ist silbrig glänzend mit bläulich schimmernden Rückenflossen. Ihr Nahrungsspektrum ist sehr groß, bevorzugt werden Insektenlarven. Noch zu den Kleinfischen zählend, sind sie aber nur für größere Teichanlagen geeignet.

- Blaubandbärbling, *Pseudorasbora parva*: Gleich zu Beginn möchte ich darauf hinweisen, daß diese Fischchen erst vor einigen Jahren mit Besatzfischen aus Rumänien unbeabsichtigt eingeschleppt wurden. Ursprünglich in Asien beheimatet, in Japan, Korea, Taiwan, beherrschen sie nun die heimischen Gewässer und gefährden massiv einheimische Arten in ihrem Bestand. Die durch Veränderungen ihres Lebensraums ohnehin schon bedrohten einheimischen Arten, vor allem auch die Kleinfische, erhielten zusätzliche Nahrungs- und Lebensraumkonkurrenz. Daher meine eindringliche Bitte an Sie: setzen Sie nur einheimische

Tiere im und am Badeteich

Fische in Ihren naturnahen Badeteich ein. Diese friedliebenden und anspruchslosen Fische gehören ebenfalls zur Familie der Karpfenfische und werden bis 11 cm lang. Ihre Körperfarbe ist silbrig graublau mit einem dunkleren Längsstreifen an den Seiten. Im Frühsommer laichen die Fische ab und die Eier werden vom Männchen bewacht. Diese hübschen Fischchen stellen kaum Ansprüche an ihr Gewässer und nehmen jedes Futter an. Eine harte und problemlose Art, die jedoch alle anderen verdrängt. Obwohl die Blaubandbärblinge in ihrem Aussehen an Moderlieschen erinnern, muß jedoch eindeutig von ihnen abgeraten werden.

● Gemeiner Sonnenbarsch, *Lepomis gibbosus*: Er gehört zur Familie der Sonnenbarsche, wird bis 15 cm lang und ist recht attraktiv gefärbt. Er stammt ursprünglich aus Nordamerika und ist heute an vielen Orten Europas eingebürgert.

Auch er hat neben seinen Artgenossen Grüner Sonnenbarsch *Lepomis cyanellus*, Blauer Sonnenbarsch *Lepomis macrochirus*, Scheibenbarsch *Enneacanthus chaetodon* sowie weiteren Nordamerikanische Barscharten und anderen Fremdfischen wie der Katzenwels *Ictalurus nebulosus*, der Texaskärpfling *Gambusia affinis*, der Graskarpfen *Ctenopharyngodon idella* und vielen anderen, nichts in unseren Bade- und Gartenteichen verloren. Sie stören das zwischen einheimischen Tier- und Pflanzenarten eingespielte Gleichgewicht empfindlich und irreparabel.

Weitere kleinbleibende, jedoch einheimische Fischarten sollen noch angeführt werden, deren Haltung deshalb Bedeutung haben kann, weil sie schwierig zu pflegen sind oder als gefährdet eingestuft sind. Allerdings können sie hier aus Platzgründen nicht näher beschrieben werden und sind eher Spezialisten vorbehalten.

● Elritze, Pfrille, *Phoxinus phoxinus*: Bis 10 cm langer Karpfenfisch, der in klaren und sauerstoffreichen Fließgewässern und Seen vorkommt.

● Gründling, *Gobio gobio*: Ein Karpfenfisch, der bis 14 cm lang wird, und ebenfalls bevorzugt in Fließgewässern von der Barben- bis zur Forellenregion lebt.

● Schlammbeißer, Schlammpeitzger, *Misgurnus fossilis*: Bis 25 cm lang werdender Bodenfisch, der zu den Schmerlen gerechnet wird. Er lebt meist im Bodenschlamm flacher, stehender und etwas wärmerer Gewässer.

● Steinbeißer, Dorngrundeln, *Cobitis* spp.: Diese komplexe Artengruppe gehört ebenfalls zu den Schmerlen. Diese Fische werden bis 12 cm lang. Sie bevorzugen klare stehende und fließende Gewässer.

Alle Schmerlen und viele weitere heimische Kleinfische zählen zu den geschützten Arten. Sie unterliegen folglich nicht nur dem Angel-, sondern auch dem Naturschutzrecht.

Zwergwels, *Ictalurus melas.*

Steinbeißer, *Cobitis* cf. *elongatus.*

Rotfedern, *Scardinius erythrophthalmus.*

Goldfische, *Carassius auratus auratus.*

Tiere im und am Badeteich

Der Vollständigkeit halber werden im Anschluß einheimische Fische vorgestellt und kurz beschrieben, die größer werden und daher nur für sehr große Teichanlagen geeignet sind. Sie haben in kleinen Badeteichen nichts zu suchen, denn sie sind Bewohner natürlicher Gewässer oder künstlich angelegter Fischteiche. Auch hier müssen Sie sich darüber im Klaren sein, ob Sie nun einen Badeteich wollen, in dem weitere Tiere leben sollen oder einen reinen Fischteich.

- Karausche, *Carassius carassius*: Die Karausche wird auch Moor- oder Bauernkarpfen genannt und das sagt schon alles über ihre Lebensweise aus. Dieser anspruchslose und sehr widerstandsfähige Fisch wird bis 30 cm lang. Die Grundfärbung variiert zwischen silbrig glänzend bis braun. Es gibt auch goldfarbene Mutanten, die aber nicht mit den Goldfischen identisch sind. Als Lebensraum bevorzugen sie pflanzenreiche und selbst stark verschlammte Gewässer jeder Art. Sie sind Allesfresser und gründeln nach Karpfenart im Schlamm, um verwertbare Nahrung zu finden. Das Teichwasser wird daher immer etwas trüb sein.
- Orfe, Aland, Silberorfe, *Leuciscus idus*: Obwohl sie ebenfalls zu den Karpfenfischen gehören, sind sie schwarmbildende Oberflächenfische, erreichen jedoch eine Länge bis 80 cm. Die Grundfärbung des Körpers ist silbrig glänzend. Eine rötliche

67

Tiere im und am Badeteich

Mutante wird Goldorfe genannt und kann als „brauchbarer" Teichfisch bezeichnet werden, sozusagen als Ersatz für die völlig ungeeigneten Goldfische. Allerdings ist die Orfe nur als Jungfisch auch für kleinere Teiche geeignet. Aufgrund ihrer möglichen Größe muß sie jedoch großen Teichen vorbehalten bleiben.

Kaulbarsch, *Gymnocephalus cernua.*

- Rotauge, Plötze, *Rutilus rutilus*: Ebenfalls ein Karpfenfisch, der bis 30 cm lang wird. Ein friedliebender Schwarmfisch mit rotgefärbten Augen, silbrig glänzender Körperoberfläche und rötlichen Flossen. Er ist daher leicht mit den Rotfedern verwechselbar. Rotaugen sind ebenfalls Allesfresser, die nur für mittlere bis große Teiche infrage kommen.

Schrätser, *Gymnocephalus schraetser.*

- Rotfeder, *Scardinius erythophthalmus*: Friedliebender, schwarmbildender Karpfenfisch, der bis 40 cm lang werden kann. Die Grundfärbung des Körpers ist silbrig glänzend, die Flossen sind auffallend rot gefärbt und er gehört damit zu den schönsten einheimischen Fischen. Ebenfalls ein Allesfresser, der aber pflanzliche Nahrung bevorzugt und für größere Gewässer durchaus geeignet ist.

Rotauge oder Plötze, *Rutilus rutilus.*

- Goldfisch, *Carassius auratus auratus*: Der Goldfisch ist eine Zuchtform des Silber-Giebels, stammt aus China und ist heute in unzähligen Varianten weit verbreitet. Der Ursprung der Goldfischzucht liegt etwa 1 000 Jahre zurück. Durch stetige Selektion der Zuchtfische ist eine Vielzahl von

Schleie, *Tinca tinca.*

Tiere im und am Badeteich

Varietäten entstanden wie zum Beispiel: Schleierschwänze, Himmelsgucker, Blasenaugen, Eierfische, Löwenköpfe und Oranda. In China wurden die Fische nicht nur in Teichen, sondern vor allem in kunstvollen Porzellanschalen gehalten. Damit sie von oben besser zu sehen waren, wurden diese Zuchtformen forciert und bevorzugt. Der „Normale Goldfisch" wird bis 35 cm lang und auch von ihm gibt es eine Fülle unterschiedlicher Farbkombinationen. Er gehört ebenfalls zur Familie der Karpfenfische und ist ein ruhiger und friedlicher Schwarmfisch. Goldfische gründeln und wühlen gerne. Als Allesfresser nehmen sie jede Art von Nahrung zu sich, mit einem großen Anteil an pflanzlicher Kost, wobei sie feinfiedrige Pflanzen bevorzugen. Da ihre Hauptbeschäftigung die Futtersuche und Nahrungsauf-

Blaubandbärblinge, *Pseudorasbora parva*, sind aus Asien eingeschleppte Fremdlinge, die sich – einmal in den Badeteich eingebracht – ungezügelt vermehren und dadurch zur Plage werden.   5 Fotos: Dr. J. Schmidt

nahme ist, wühlen sie ständig im Schlamm, sorgen für trübes Wasser und fressen alles, was sie bewältigen können. Sie sind also für einen Badeteich völlig ungeeignet. Für sie kommen Zierteiche infrage, in denen sie gefüttert werden, kein Bodengrund vorhanden ist und die auch entsprechend gefiltert werden.

● Koi, Farbkarpfen, *Cyprinus carpio*: Hier gilt dasselbe wie für Goldfische, jedoch in verschärfter Form. Sie müssen unbedingt in Spezialteichen gehalten werden und nicht im Garten- oder Badeteich. Auf der japanischen Insel Honshu, in der Provinz Yamakoshi, wurde der Koi aus dem Karpfen gezüchtet. Heute gibt es zahlreiche Zuchtformen und Farbschläge. Weltweit werden die Zuchtformen in großen Wettbewerben gezeigt und bewertet. Es ist fast eine eigene Wissenschaft, einen Überblick über diese Zuchtformen zu bewahren, nur ein Beispiel soll hier angeführt werden: Bekko ist ein zweifarbiger Koi, mit Hi-Utsuri – roter Grundfarbe – oder Ki-Utsuri – weißer Grundfarbe – oder Ki-Bekko – gelber Grundfarbe und schwarzen Flecken –, wobei der Kopf und die Flossen keine Zeichnungen haben dürfen. 13 Hauptgruppen werden zusätzlich in acht Größenklassen unterteilt und nach bestimmten Qualitätskriterien beurteilt. Spitzenfische erzielen astronomische Preise, für die ohne weiteres gepflegte Mittelklassewagen erhältlich wären.

Tiere im und am Badeteich

Ein Zitat des Biologen Bernhard KEGEL, aus dem Buch „Die Ameise als Tramp", sagt eigentlich alles: „Das Leben mit Insekten mag hart sein, ein Leben ohne Insekten wäre härter". Die Anzahl der wirbellosen Tierarten ist nicht abzuschätzen, ganz wenige sind bekannt und erforscht. Insekten versorgen uns mit Honig und Seide, sie sind Bestäuber und Helfer in der biologischen Schädlingsbekämpfung. Sie selbst sind die effektivsten Vertilger ihrer pflanzenfressenden Verwandschaft und Nahrungsgrundlage unzähliger anderer Tierarten.

Auch ihr Badeteich wird von einer großen Anzahl wirbelloser Tiere im Wasser, an Land und in der Luft, angenommen werden. Nur einige wenige Arten können hier vorgestellt werden.

- Büschelmücke, Weiße Mückenlarve, Glasstäbchen, *Chaoborus plumicornis*: Überall in stehenden Gewässern häufig; Larve durchsichtig, bis 15 mm lang. Imago ähnlich der Zuckmücke. Sie stechen nicht und sind Aquarianern – wie alle Mückenlarven – als wertvolle Futtertiere wohlbekannt.
- Zuckmücke, Rote Mückenlarve, *Chironomus* spp.: Allein in Europa gibt es etwa 1 000 Arten. Sie treten an warmen Abenden oft in riesigen Schwärmen auf. Larven kommen in allen Gewässertypen vor, manche sind blutrot gefärbt und bis 14 mm lang. Die Mücken stechen ebenfalls nicht.
- Gemeine Stechmücke, Schwarze Mückenlarve, *Culex pipiens*: Sie kom-

Frühe Adonislibelle, *Pyrrhosoma nymphula*.

Paarungsrad der Frühen Adonislibelle.

Paarungsrad der Hufeisen-Azurjungfer, *Coenagrion puella*.

Große Binsenjungfer, *Chalcolestes viridis*.

Tiere im und am Badeteich

Federlibelle, *Platycnemis pennipes*.

Blauflügel-Prachtlibelle, *Calopteryx virgo*.

Plattbauch-Libelle, *Libellula depressa*, Männchen.

Plattbauch-Libelle, *Libellula depressa*, Weibchen.

men ebenfalls in nahezu allen Gewässertypen vor, oft auch in kleinsten Pfützen, Gießkannen und ähnlichem. Typisch sind die auf der Wasseroberfläche schwimmenden Eischiffchen, mit 200 bis 400 Eiern. Die Larven filtrieren Plankton aus dem Wasser und sind 10 mm lang. Die weiblichen Mücken stechen und benötigen das Blut zur Eientwicklung.

● Eintagsfliegen, Ephemeroptera: Sie sind in Mitteleuropa mit etwa 70 Arten vertreten. Ihr Vorkommen weist auf eine gute Wasserqualität hin. Die Larven leben – je nach Art – in verschiedenen Gewässerbereichen. Zur Paarungszeit treten die Eintagsfliegen oft in großer Anzahl auf.

● Köcherfliegen, Trichoptera: Etwa 300 Arten kommen allein in Mitteleuropa vor. Mit Sicherheit wird eine davon Ihren Badeteich als Lebensraum in Anspruch nehmen. Die Larven bauen sich aus verschiedensten Materialien einen Köcher zum Schutz vor Freßfeinden. Ihr Lebensraum sind pflanzenreiche Gewässer. Die Köcherfliegen erinnern in ihrem Aussehen an Nachtfalter.

Es werden sich auch sicher einige Libellen der 78 in Europa verbreiteten Arten einfinden und den Badeteich als neuen Lebensraum entdecken. Die meiste Zeit ihres Lebens verbringen sie als Larven in den Gewässern. Die Entwicklungszeit dauert – je nach Art – zwischen einigen Monaten und fünf Jahren. Die Libellenlarven sind grau-

Tiere im und am Badeteich

grün bis schmutzig-braun gefärbt und dem Leben im Wasser perfekt angepaßt. Mit ihren sogenannten Fangmasken erbeuten sie Wasserinsekten und auch Kaulquappen. Im Hochsommer, nach ihrer Entwicklungszeit, klettert die Larve an einem Pflanzenstengel über die Wasseroberfläche und aus ihr schlüpft die fertige Libelle. Nach zwei bis vier Stunden ist die frischgeschlüpfte Libelle flugfähig. Sogleich beginnt sie mit der Jagd auf Insekten. Es ist immer wieder ein faszinierendes Schauspiel, ihre Flugkünste zu beobachten. Übrigens – sie sind völlig ungefährlich und stechen nicht!

- Frühe Adonislibelle, *Pyrrhosoma nymphula*: Gehört der Familie Azurjungfern, Schlanklibellen an. Der Hinterleib der Männchen ist rot gefärbt. Größe etwa 3,5 cm, Flügelspannweite 4,5 cm. Fliegt von April bis August.
- Hufeisen-Azurjungfer, *Coenagrion puella*: Ist ebenfalls eine Schlanklibelle, mit typischer blau-schwarzer Färbung. Größe bis 3 cm, Flügelspannweite 4,5 cm. Fliegt von Mai bis September. Von Mai bis Juli sind ihre Paarungsräder zu beobachten.
- Blaugrüne Mosaikjungfer, *Aeshna cyanea*: Der Familie der Mosaikjungfern, Edellibellen zugehörig. Entwicklungszeit der Larven meist zwei Jahre. Größe bis 8 cm, Flügelspannweite 10 cm. Fliegt von Juni bis November.
- Plattbauch-Libelle, *Libellula depressa*: Gehört der Familie der Segellibellen

Große Binsenjungfer, *Chalcolestes viridis*, Larve.

Blaugrüne Mosaikjungfer, *Aeshna cyanea*, Larve.

Blaugrüne Mosaikjungfer, *Aeshna cyanea*, Larvenhülle und Imago.

Blaugrüne Mosaikjungfer, *Aeshna cyanea*, frisch geschlüpfte Libelle.

Blaugrüne Mosaikjungfer, *Aeshna cyanea*, Flügeldetail.

Tiere im und am Badeteich

an. Der Hinterleib der Männchen ist blau, der der Weibchen grüngelb. Zur Fortpflanzung ist die Art an gewisse Wasserpflanzen gebunden, vor allem an die Krebsschere. Sie ist weit verbreitet, aber nicht häufig. Größe 4,5 cm, Flügelspannweite 8 cm.

● Gelbrandkäfer, *Dytiscus marginalis*: Die Schwimmkäfer sind mit etwa 150 Arten in ganz Mitteleuropa verbreitet. Die Hinterbeine sind zu Schwimmbeinen umgebildet. Sowohl der Käfer, als auch die Larven leben räuberisch. Larven verschiedener Wasserinsekten, aber auch Jungfische, Molchlarven und Kaulquappen, sowie ihre eigenen Artgenossen sind ihre Nahrung.

Blaugrüne Mosaikjungfer, *A. cyanea*, Kopfdetail.

Bild rechts: Blaugrüne Mosaikjungfer, *Aeshna cyanea*, Imago, Männchen.

Gelbrandkäfer, *Dytiscus marginalis*, Männchen.

Bild links: Blaugrüne Mosaikjungfer, *Aeshna cyanea*, Weibchen bei der Eiablage.

Gelbrandkäfer-Paar, *Dytiscus marginalis*, Männchen unten.

Tiere im und am Badeteich

Gelbrandkäfer-Paarung

Die Gelbrandkäfer-Larve, *Dytiscus marginalis*, schlüpft aus dem Stengel des Zungenblättrigen Hahnenfußes.

Gelbrandkäfer-„Larven-Wohnung" im Stengel des Zungenblättrigen Hahnenfußes.

Gelbrandkäferlarve beim Luftholen.

Umwandlungsreife, ausgewachsene Larve.

Es dauert ungefähr nur zwanzig Minuten, bis eine Kaulquappe ausgesaugt ist. Diese überaus gefräßigen Larven können so bis zu 20 Kaulquappen pro Tag fressen. Die Paarung der Gelbrandkäfer erfolgt im Herbst. Vom Weibchen werden bis zu 200 Eier in weiche Pflanzenstengel, mittels eines messerartigen Legebohrers, gelegt. Im Frühsommer schlüpfen daraus die Larven, die sich im Spätsommer verpuppen. Nach acht- bis 14tägiger Puppenruhe schlüpfen die fertigen Käfer. Sie werden bis 3,5 cm groß und gut fünf Jahre alt.

Eine Gelbrandkäferlarve, *Dytiscus marginalis*, beim Aussaugen einer Erdkröten-Kaulquappe, *B. bufo*. Dieser Vorgang dauert nur 20 Minuten.

Wasserläufer, oben, und Taumelkäfer, unten.

Rückenschwimmer, *Notonecta glauca*.

Stabwanze, *Ranatra linearis*.

Wasserskorpion, *Nepa rubra*.

Tiere im und am Badeteich

● Wasserläufer, *Gerris lacustris*: Etwa ein Dutzend Wasserläuferarten sind in Europa vertreten. Wasserläufer fliegen sehr gut und sind folglich meist die ersten Besiedler neuer Gewässer. Mit ihren flach ausgebreiteten Mittel- und Hinterbeinen laufen sie schnell über die Wasseroberfläche, ohne einzusinken, was durch eine feine Behaarung ermöglicht wird. Die Vorderbeine sind angewinkelt. Ihre Nahrung sind in das Wasser hineingefallene Insekten, die angestochen und ausgesaugt werden. Die Larven entwickeln sich noch vor dem Winter und alle überwintern außerhalb des Wassers, unter Moospolstern oder Laub. Sie werden bis 20 mm groß und sind für den Menschen völlig ungefährlich.

● Rückenschwimmer, *Notonecta glauca*: Auch Wasserbiene genannt, ist er, neben den Wasserläufern, eines der häufigsten Wasserinsekten in Gewässern ohne größere Fische. Rückenschwimmer sind ausgezeichnete Flieger. Meist schwimmen sie knapp unter der Wasseroberfläche, mit dem Rücken nach unten. Tauchen nur kurzzeitig tiefer. Weibchen legen bis 200 Eier in Wasserpflanzen ab. Nach drei bis sechs Wochen schlüpfen die Larven. Die fertigen Insekten überwintern. Ihre Nahrung besteht aus lebenden und toten Insekten an der Wasseroberfläche. Wenn sie mit der Hand angegriffen werden, können Rückenschwimmer auch Menschen schmerzhaft stechen. Sie werden bis 1,5 cm groß.

Tiere im und am Badeteich

● Wasserskorpion, *Nepa rubra*: Gehört der Familie der Skorpionswanzen an und kommt in ganz Europa in pflanzenreichen Gewässern vor. Besitzt am Hinterende seines breiten, flachen Körpers ein bis zu 10 mm langes Atemrohr. Die Färbung der bis 22 mm großen Tiere ist dunkelbraun bis rötlichbraun. Die Eier werden an Fäden, an Pflanzenteilen so abgelegt, daß sich die Eier im Wasser befinden, die Fäden aber aus dem Wasser in die Luft ragen. Nach fünf Häutungen sind sie ausgewachsen und überwintern im Gewässer. Im Flachwasser lauern sie auf Insektenlarven und Kaulquappen.

● Streckerspinne, *Tetragnatha montana*: Die überall häufig vorkommende Streckerspinne lebt am Gewässerrand an meist länglichen Pflanzenblättern in Tarnhaltung mit lang ausgestreckten Beinen. Die Oberseite ist silbrig bis goldig glänzend, mit einer dunkleren, blattförmigen Zeichnung. Die Körperlänge beträgt bis 10 mm.

Streckerspinne, *Tetragnatha montana*.

Flußkrebs, *Astacus astacus*, verschiedene Häutungsstadien.

Ein Flußkrebsjunges unter einer Muschelschale.

Krebse gehören wie beispielsweise die Spinnen zum Tierstamm der Gliederfüßer. Im gemäßigten Klima leben rund 525 Arten und weltweit sind es etwa 25 000. Vielen Formen ist die Verwandtschaft zu den Krebsen gar nicht anzusehen. Die meisten Krebse leben im Wasser und gehören zum festen Tierbestand jeden Feuchtbiotops.

Die genaue Bestimmung der Kiemenfuß-, Blattfuß- und Muschelkrebse sowie der Ruderfüßer und höheren Krebse ist meist nur Fachleuten möglich. Zu den Blattfußkrebsen gehören beispielsweise die Wasserflöhe und zu den Ruderfüßern die Hüpferlinge, die im Abschnitt Mikroorganismen und Zooplankton kurz behandelt werden, wie hier auch sonst nur einige wenige angeführt werden können.

Tiere im und am Badeteich

- Muschelkrebse, Ostracoda: Etwa 100 Arten aus dem Süßwasser sind in Mitteleuropa bekannt. Der Körper ist mit einer zweiklappigen, gelblich bis braunen, muschelähnlichen Schale umgeben – daher der Name. Sie leben von Aas, Pflanzenresten, Algen und Mulm (Detritus). Ihre Größe beträgt etwa 2 mm.
- Bachflohkrebs, *Gammarus pulex*: Diese gesellig lebenden Flohkrebse werden bis 20 mm groß und schwimmen bevorzugt in Seitenlage. Ihr Lebensraum sind pflanzenreiche Bäche, aber auch stehende Gewässer. Sie ernähren sich von abgestorbenen Pflanzenteilen. Den Aquarianern sind sie als vorzügliches Futter für größere Fische bekannt.
- Gemeine Wasserassel, *Asellus aquaticus*: Wasserasseln kommen in ganz Europa häufig in stehenden und fließenden Gewässern, meist am Gewässerboden, vor. Ihre Färbung ist grau, gelegentlich mit weißlichen Flecken. Die bis 2 cm langen Wasserasseln leben von abgestorbenen Pflanzenteilen und Detritus. Ihre nächsten Verwandten sind Landasseln, die an Land gegangene Krebstiere sind.
- Flußkrebs, Edelkrebs, *Astacus astacus*: Wer sich mit höheren Krebsen beschäftigen und sie im Teich halten will, der muß darauf achten, daß nur der Europäische Flußkrebs eingesetzt wird. Die im Handel angebotenen Krebse stammen meist aus Amerika und sind Überträger der gefürchteten

Krebspest. Sie selbst sind nahezu immun gegen diese Pilzerkrankung. Zu beobachten sind sie kaum, da sie nachtaktiv leben und tagsüber in selbstgegrabenen Höhlen oder eingebrachten Drainage-Tonrohren leben. Ihre Nahrung besteht aus pflanzlicher und tierischer Kost, alles was in die Reichweite ihrer kräftigen Scheren kommt. Um wachsen zu können, müssen sich die Krebse regelmäßig häuten, während der Häutungen, solange der Panzer noch weich ist (Butterkrebs), ziehen sie sich etwa eine Woche lang in ihre Höhlen zurück. Sie werden bis 20 cm lang und erreichen ein Alter bis zu 20 Jahren. Flußkrebse sind auch wegen ihrer Fortpflanzung, auf die hier nicht näher eingegangen werden kann, hochinteressante Pfleglinge für Teichbesitzer, die sich mit bedrohten, einheimischen Tierarten ernsthaft auseinandersetzen wollen.

Mikroorganismen sind jene winzigen Lebewesen im Badeteichwasser, die wir mit freiem Auge meist nicht mehr sehen können. Unter dem Mikroskop können wir dann wahre Wunderwerke der Natur erkennen, einzellige Lebewesen, die für das Leben im Teich von außerordentlicher Bedeutung sind. So zum Beispiel Geißel-, Wimper- und Glockentierchen. Aber auch Süßwasserschwämme, Nesseltiere wie der Süßwasserpolyp, Plattwürmer wie Planarien, aber auch Räder- und Moostierchen sind zu nennen.

Tiere im und am Badeteich

Zooplankton sind Einzeller, Rädertierchen sowie kleine Krebstierchen, von 2 bis 4 mm Körpergröße, die wir gut mit freiem Auge erkennen können, wie die Wasserflöhe (der Gattungen *Daphnia* und andere) und die Hüpferlinge (der Gattungen *Cyclops* und andere). Ihre Namen haben diese Kleinkrebse von ihrer hüpfenden Fortbewegung im Wasser. Die Planktonkrebse sind meist durchsichtig bis rot-braun gefärbt und Nahrungsgrundlage vieler anderer Teichbewohner. Selbst leben sie von einzelligen Algen und Bakterien, dem sogenannten Phytoplankton, das wir ebenfalls nur unter dem Mikroskop erkennen können. Diese Algen sind für die grüne Färbung des Wassers verantwortlich. Bei genauer Beobachtung sind auch „grüne" Wasserflöhe zu bemerken, die sich ihren „Bauch mit Algen vollgeschlagen haben". Sie sind Grundlage der Nahrungskette und mit verantwortlich, das Gewässer klarzuhalten. Allen Aquarianern sind diese Kleinkrebse als hervorragendes Lebendfutter ihrer Fische bekannt.

Phytoplankton besteht aus – wie schon erwähnt – meist mikroskopisch kleine Algen, die in einer ungeheuren Vielfalt auftreten. Sie sind nicht nur die ältesten Pflanzen unserer Erde, die ganz erheblich mittels Photosynthese zur Sauerstoffproduktion beitragen, sondern stellen auch den Anfang der Nahrungskette dar.

Blau-, Rot- und Grünalgen, Kugel-, Kiesel-, Faden- und Zieralgen seien hier

Kriechendes Moostierchen, *Plumatella repens*.

Süßwasserschwamm, *Spongilla lacustris*.

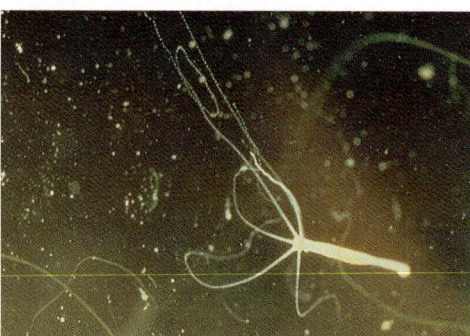

Gemeiner Süßwasserpolyp oder Hydra, *Pelmatohydra oligactis*.

nur erwähnt. Im Kapitel Biologie im Badeteich wird auf zu starkes Algenwachstum eingegangen. Wer mehr über Mikroorganismen, Zoo- und Phy-

Tiere im und am Badeteich

toplankton wissen möchte, der besorge sich entsprechende Fachliteratur.

Muscheln sind in rund 30 Arten in mitteleuropäischen Gewässern vertreten und sie alle besitzen immer eine zweiklappige Schale. Eine Aufzählung und Beschreibung der Arten sowie Darstellungen zu Einzelheiten ihrer Vermehrung können hier nicht erfolgen.

Spitzschlammschnecken, *Lymnaea stagnalis*.
Foto: Dr. J. Schmidt

● Teichmuschel, *Anodonta cygnea*: Diese ist für größere Badeteiche geeignet und bei der Haltung von Bitterlingen für deren Fortpflanzung nötig. Teichmuscheln tragen zur Reinhaltung des Teichwassers insofern bei, als sie feinstes Plankton aus dem Wasser filtern. Eine Muschel kann pro Stunde 40 l Wasser umwälzen. Sie benötigen feinen Bodengrund, um sich darin einzugraben. Ihre Größe beträgt bis 20 cm.

Schnecken kommen in etwa 350 Arten in Europa vor. Nur eine kleine Zahl lebt im Süßwasser, die Mehrzahl lebt an Land und im Meer. Sie können sich zur Gänze in ihr Gehäuse zurückziehen, dies schützt Wasserschnecken vor Freßfeinden. Das Gehäuse ist aus Kalk aufgebaut und beim Austrocknen des Gewässers können die Schnecken darin überdauern.

● Spitzschlammschnecke, *Lymnaea stagnalis*: Sie ist in Europa weit verbreitet und überall häufig. Die Schnecken leben in pflanzenreichen Gewässern. Sie sind Zwitter, wobei Selbstbefruchtung die Ausnahme ist. Ihre Nahrung besteht aus Algenaufwuchs und Wasserpflanzen. Ihr Gehäuse wird bis 6 cm hoch und 3 cm breit.

● Posthornschnecke, *Planorbarius corneus*: Sie leben ebenfalls in pflanzenreichen, sauberen Gewässern in ganz Mitteleuropa, sind ebenfalls Zwitter, und ihre Nahrung besteht aus Algen und Detritus. Gehäusegröße bis 3 cm im Durchmesser und bis 12 mm hoch.

Biologie im Badeteich

Biologisches Gleichgewicht

Das biologische Gleichgewicht im Sinne ständig gleichbleibender Stabilität gibt es nicht. Durch vielfältige Einflüsse ist die Gewässerökologie Veränderungen unterworfen. Pflanzen, Tiere und Mikroorganismen des Gewässers sind in Nahrungsnetzen miteinander verbunden und voneinander abhängig. Wenn sich beispielsweise Fische stark vermehren, so wird von ihnen das vorhandene Zooplankton weggefressen und durch die Reduktion der Wasserflöhe können sich die Schwebealgen ungehindert vermehren, zusätzlich gedüngt von den Stoffwechselprodukten der Fische. Das Wasser wird also trüb werden, was sich wieder negativ auf das Pflanzenwachstum in den Tiefenzonen des Teichs auswirkt.

Absterbende Pflanzen und Algen wie auch alle anderen organischen Stoffe, zum Beispiel Laub, werden von Bakterien und Pilzen mineralisiert. Diese Abbau- und Umwandlungsprozesse erfordern viel Sauerstoff. Wenn sich nun zuviele organische Stoffe im Wasser befinden, kann es vor allem zu Beginn der wärmeren Jahreszeit, durch die zu starke Vermehrung dieser Bakterien, zu einem akuten Sauerstoffmangel kommen. Alle Lebewesen, die Sauerstoff benötigen, können aufgrund dieses Mangels absterben. Es kommt zu Fäulnisprozessen, zur Entwicklung anaerober Bakterien und schließlich zum „Kippen" des Gewässers. Genü-

gend Sauerstoff ist daher besonders wichtig und ebenso die Vermeidung des Eintrags zu vieler organischer Stoffe ins Wasser – also eine Überdüngung – sowie der Überbesatz mit Fischen oder anderer Tieren.

Sauerstoffgehalt

Die uns umgebende Luft enthält etwa 21 % Sauerstoff, während im Wasser meist nur 10 mg/l vorhanden sind, abhängig von der Temperatur. Für alle Lebewesen des Teichs ist es daher lebenswichtig, daß immer genügend Sauerstoff zur Verfügung steht. Er wird von Pflanzen tagsüber photosynthetisch freigesetzt und auch aus der Luft durch bewegtes Wasser wie Wellen, Bachläufe, Wasserfälle und Wasserspiele in das Wasser eingebracht. Der von den Pflanzen tagsüber erzeugte Sauerstoff wird in der Nacht von allen Lebewesen verbraucht. In den Morgenstunden kann es, vor allem in der warmen Jahreszeit, zu Sauerstoffmangel kommen. Es kann daher notwendig sein, speziell bei kleineren Schwimmteichen, Wasserspiele und Belüftungen einzuschalten. Die Steuerung kann mit Zeitschaltuhren vorgenommen werden.

pH-Wert

Ein Teil des im Wasser gelösten Kohlendioxids geht in sogenannte „Kohlensäure" über. Diese beeinflußt den pH-Wert – so wie jede andere Säure

Biologie im Badeteich

oder Lauge. Die pH-Wert-Skala reicht von 0 bis 14. Chemisch neutrales Wasser hat einen pH-Wert von 7 – es besteht ein Säure-Base-Gleichgewicht. Darunter wird der saure Bereich (Säuren) und über 7 der alkalische Bereich (Laugen) gemessen. Der pH-Wert hängt also mit dem Kohlendioxidgehalt des Wassers zusammen und soll zwischen 6 und 8,2 liegen, wobei es zu tageszeitlichen Schwankungen kommt.

Kohlendioxid- und Kalkgehalt

Lebewesen, die zum Atmen Sauerstoff brauchen, geben Kohlendioxid ab. Die Wasserpflanzen brauchen für ihre Photosynthese Kohlendioxid. Am Tag wird es von ihnen dem Wasser entzogen und da nachts keine Photosynthese stattfindet, kann es zu einem Überschuß kommen und der pH-Wert kräftig absinken.

Das Ansteigen und Abfallen des pH-Werts hängt eng mit dem gelösten Kohlendioxid und dem Kalkgehalt des Wassers zusammen. Ganz kurz soll daher auch die Wasserhärte angesprochen werden. Das Regenwasser nimmt Mineralien, insbesondere Calcium- und Magnesiumsalze auf. Sie sind die wichtigsten Härtebildner und ihre Messung erfolgt in deutschen Härtegraden, die deutsche Gesamthärte in °dGH. 0 bis 4 °dGH stehen für sehr weiches Wasser, 4 bis 8 °dGH ist weiches, 8 bis 12 °dGH ist mittelhartes, 12 bis 30 °dGH ist hartes und über 30 °dGH ist sehr hartes Wasser. Für Schwimmteiche, aber besonders auch in der Aquaristik, hat jedoch die sogenannte Karbonathärte (°KH), einen größeren Einfluß als die Gesamthärte. Die Karbonathärte gibt den Gehalt von Verbindungen von Calcium und Magnesium mit Carbonaten an. Bei einer niedrigen Karbonathärte im

Schwarze Mückenlarven sind Larven der Stechmücken, *Culex* sp., sie entwickeln sich nur in verschmutztem Wasser. Bei der Anlage gepflegter Badeteiche ist eine Mückenplage **nicht** zu befürchten.
Foto: G. Schmelzer

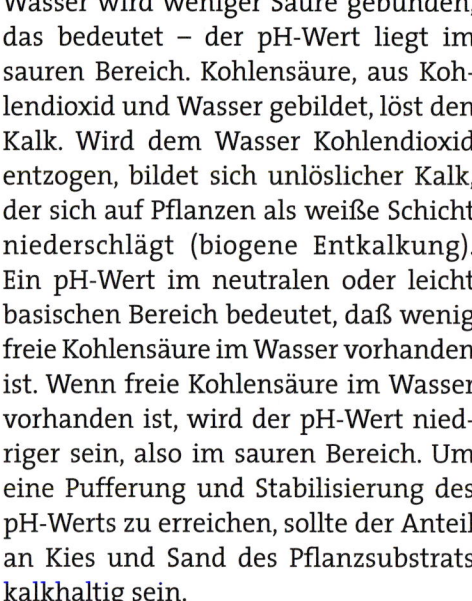

Die vier Jahreszeiten.

Wasser wird weniger Säure gebunden, das bedeutet – der pH-Wert liegt im sauren Bereich. Kohlensäure, aus Kohlendioxid und Wasser gebildet, löst den Kalk. Wird dem Wasser Kohlendioxid entzogen, bildet sich unlöslicher Kalk, der sich auf Pflanzen als weiße Schicht niederschlägt (biogene Entkalkung). Ein pH-Wert im neutralen oder leicht basischen Bereich bedeutet, daß wenig freie Kohlensäure im Wasser vorhanden ist. Wenn freie Kohlensäure im Wasser vorhanden ist, wird der pH-Wert niedriger sein, also im sauren Bereich. Um eine Pufferung und Stabilisierung des pH-Werts zu erreichen, sollte der Anteil an Kies und Sand des Pflanzsubstrats kalkhaltig sein.

Nährstoffgehalt

Wie in der gesamten Natur, so besteht auch hier ein Kreislauf. Die Pflanzen brauchen für ihr Wachstum Nährstoffe, Licht und Kohlendioxid. Dabei produzieren sie Sauerstoff und Kohlendioxid, welche im Tag- und Nachtrhythmus verbraucht werden. Wenn die Pflanzen absterben, werden sie von Bakterien zersetzt, mineralisiert und es entstehen wieder Nährstoffe.

In jedem Gewässer sind Nährstoffe vorhanden, je mehr das sind, desto stärker werden die höheren Pflanzen wachsen. Algen brauchen genauso Nährstoffe für ihr Wachstum, sie können jedoch nur die im Wasser gelösten Nährstoffe verwerten. Es besteht also eine unmittelbare Nährstoffkonkurrenz zwischen höheren Pflanzen und Algen.

Die wasserchemischen Zusammenhänge sind sehr komplex, so daß sie hier nur stichwortartig erklärt werden können. Hierzu gibt es ausführliche, weiterführende Fachliteratur.

Pflege des Badeteichs

Im Frühjahr soll restliches organisches Material wie Fallaub und abgestorbene Wasserpflanzen aus dem Wasser entfernt werden. Der Großteil muß jedoch bereits im Herbst entfernt werden. Zu Beginn der Badesaison müssen Restlaub und Schlamm mittels einer Pumpe, die außerhalb des Teichs steht, über eine Saugbürste und dem dazugehörigen Ansaugschlauch abgesaugt werden. Die Saugbürste wird am besten an einer Aluminium-Teleskopstange befestigt, um eine möglichst große Reichweite zu erzielen. Das Absaugen kann auch über einen dafür vorgesehenen Bodenablauf erfolgen. Das abgesaugte Wasser muß natürlich ergänzt werden. Achten Sie vor dem Absaugen darauf, daß sich keine Frösche und andere Wassertiere im Laub und Bodenschlamm aufhalten.

Auch Röhrichtpflanzen werden jetzt knapp über der Wasseroberfläche abgeschnitten. Den Winter über sollten sie wegen des notwendigen Luft-Gas-Austauschs stehen bleiben; der Teich schaut so auch schöner und natürlicher aus. Danach erfreuen Sie sich an den ersten Blüten und den Amphibien, die nun ihr Laichgewässer aufsuchen. Wenn es schon etwas wärmer geworden ist, können auch Pflanzarbeiten durchgeführt werden.

Die vier Jahreszeiten.

Pflege des Badeteichs

Im Sommer können Sie Ihren Schwimm- und Badeteich in vollen Zügen genießen. Beobachten Sie Tiere und Pflanzen. Eventuell sind einige Fadenalgen oder ein paar gelbe Seerosenblätter zu entfernen. Eine kurzfristige Trübung des Wassers im Sommer ist ganz normal. Überprüfen Sie, ob sich genügend Zooplankton im Wasser befindet.

Falls eine Filteranlage vorhanden ist, muß diese kontrolliert und das Filtermedium nach Erfordernis gereinigt werden. Wasserläufe und -spiele müssen lediglich beobachtet und eventuell vorhandene Vorfilter saubergehalten werden, damit sich die Durchflußmengen nicht zu stark verringern. Im Herbst sollten Unterwasserpflanzen um etwa zwei Drittel zurückgeschnitten und abgestorbene Pflanzenteile entfernt werden. Eventuell kann ein Laubschutz-netz gespannt werden, das aber vor dem ersten Schneefall wieder entfernt werden muß. Durch das Gewicht des Schnees kann es sonst aus den Verankerungen gerissen werden und ins Wasser fallen, so daß es dann zusammen mit dem Laub einfrieren würde. Wenn kein Laubschutznetz vorgesehen ist, muß das abfallende Laub von der Wasseroberfläche und aus dem Wasser gefischt werden. Größere Laubmengen vermodern und verbrauchen Sauerstoff. Achten Sie dabei auf Tiere wie Molch- und Libellenlarven sowie Frösche, die im Wasser überwintern.

Im Winter kann der Badeteich als Eislaufplatz dienen. Die Röhrichtpflanzen, die ja stehen bleiben, müssen vor Beschädigungen geschützt werden. Für den besseren Gasaustausch können zusätzlich Eisfreihalter eingesetzt werden.

Die Wasserjagd-spinne, *Dolomedes fimbriatus*, ist eine der größten mitteleuropäischen Spinnen. Dennoch vermag sie auf der Wasseroberfläche zu laufen. Für den Menschen ist diese faszinierende Spinne völlig ungefährlich.
Foto: Dr. J. Schmidt

Der Badeteich im Garten

Bachlauf

Ein künstlicher Bachlauf, eventuell noch in Verbindung mit einem Wasserfall, ist sozusagen die Krönung der ganzen Anlage, eine attraktive Bereicherung jedes Gartens. Gleichzeitig wird das Wasser gefiltert und nachhaltig mit Sauerstoff angereichert. Der Bach kann einem dominanten Quellstein oder einfach aus dem Boden entspringen – wie es ja auch häufig in der Natur passiert. Die Gestaltung soll möglichst natürlich aussehen – und das ist gar nicht so leicht.

Vorerst muß einmal der Ursprung des Bachs festgelegt werden, die Länge des geplanten Bachlaufs und die Höhendifferenz. Bei geneigten Grundstücken wird es relativ einfach sein, ein entsprechendes Gefälle für den Bach herzustellen. Im ebenen Gelände kann eine erhöhte Hausterrasse als Ausgangspunkt des Bachs verwendet werden oder es ist mit dem Erdaushub des Teichs ein entsprechendes Gelände zu schaffen.

Der Bachlauf muß unbedingt der Größe des Badeteichs angepaßt werden, die Relationen sollen stimmen. Eine durchschnittliche Breite von 50 cm und eine Tiefe von 25 bis 30 cm sind als Richtmaße zu nehmen. Der Bach soll keinesfalls geradlinig verlaufen, es können Gefällestufen, kleine Katarakte eingebaut werden. Außerdem sind immer wieder kleine Becken einzuplanen, in denen das Wasser stehen bleibt, wenn die Pumpe nicht in Betrieb ist. Ein Gefälle von etwa 10 cm pro Laufmeter ist vollkommen ausreichend.

Der Aushub soll großzügig erfolgen, damit die Gestaltung des Bachlaufs leichter fällt. Für die natürliche Gestaltung sind eine Menge Steine und Kies erforderlich. Als Abdichtungsmaterial für das Bachbett ist Folie von 1 mm Stärke am besten geeignet, da sie sich gut an Geländestufen und Rundungen anarbeiten läßt. Unter der Folie kann bei Erfordernis ein Schutzvlies eingelegt werden. Der Folienrand muß gut fixiert sein und wird erst bei der Gestaltung der Bachränder abgeschnit-

Systemskizze eines Bachlaufs im Längsschnitt.

85

Der Badeteich im Garten

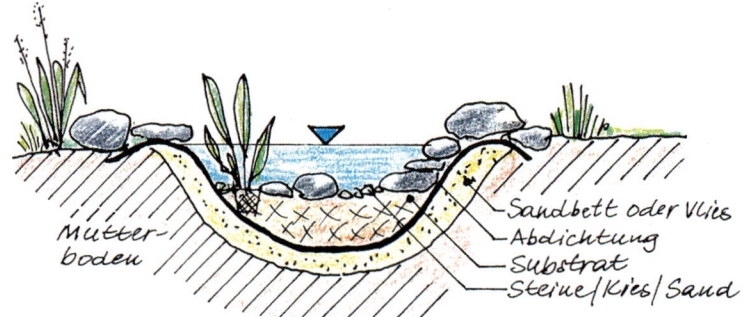

Mutter-
boden

Sandbett oder Vlies
Abdichtung
Substrat
Steine/Kies/Sand

Systemskizze
eines Bach-
laufs im
Querschnitt.

ten. Der Bach selbst soll schon in „Betrieb" sein, um den Lauf des Wassers und die Wasserstände im Bach genau fixieren zu können.

Bei der Gestaltung des Bachbetts müssen größere Steine einbetoniert werden, um die Gefällestufen und Staubeckenbegrenzungen herstellen zu können. In diesen Bereichen muß die Folie doppelt verlegt werden. Auf keinen Fall sollen verschiedenartige Steine verwendet werden, entweder kommen nur kantige, bruchrauhe Blöcke und Platten zum Einsatz oder natürlich rundgeschliffene Flußkiesel und -steine. Nichts schaut unnatürlicher und künstlich angelegt aus, als die wahllose Vermischung unterschiedlicher Steinmaterialien.

Vorgefertigte Schalen, zumeist aus Kunststoff, können ebenfalls verwendet werden – deren Verlegung kann sicher rascher erfolgen. Doch sind die gestalterischen Möglichkeiten stark eingeschränkt.

Die Schlauchleitung von der Bachpumpe im Badeteich oder von einem eigenen, getrennten Pumpenschacht bis zum Ursprung des Bachs, wird am besten entlang des Bachs in einem Schutzrohr oder -schlauch verlegt. So kann bei Bedarf eine eventuell brüchig gewordene Schlauchleitung leicht ausgetauscht werden. In diesem Schutzrohr können auch Elektrokabel mitverlegt werden.

Eine Pumpenleistung von 50 bis 100 Liter pro Minute genügt im Regelfall. Bei breiteren Bachläufen oder größeren Wasserfällen werden höhere Literleistungen gefragt sein. Entscheidend für die Literleistung der Pumpe ist die Förderhöhe, also die Höhendifferenz vom Pumpenstandort bis zum Bachursprung oder einem Quellstein. Es gibt bereits Pumpen mit elektronisch regelbarer Förderleistung, die variable Wassermengenförderungen zulassen.

Zu bedenken ist noch die hohe Wasserverdunstung vor allem an heißen Tagen und bei Intervallbetrieb, wenn die Pumpe über eine Zeitschaltuhr gesteuert wird. Die Steine erwärmen sich in der Stillstandzeit so stark, daß es zu einem erhöhtem Wasserverbrauch durch Verdunstung kommen wird.

Der Badeteich im Garten

Wenn Bepflanzungen im Bachlauf erfolgen sollen, seien es kleine Pflanzeninseln oder kleine bepflanzte Buchten, so ist darauf zu achten, daß die Pflanzen samt dem Pflanzsubstrat nicht aus- und weggespült werden.

Ein künstlich angelegter Bachlauf, der vollkommen natürlich wirkt.

Wasserfall

Kleinere Wasserfälle sind – von der Planung und vom Aufbau her – wie Bachläufe zu betrachten. Anders sieht es beim Bau von hohen Wasserfällen aus, die mehrere Meter hoch sein können und bei denen das Steinmaterial nur mit Baggern oder LKW-Kränen transportiert und verlegt werden kann. Bei solchen Bauwerken muß der Untergrund absolut tragfähig und stabil sein. Die Folie wird zumindest zweilagig und ohne Spannung verlegt. Falls erforderlich, sind wieder Schutzvliese zu verwenden. Als Auflage für die ersten Steinblöcke kann eine Magerbetonschicht erforderlich sein oder es sind Teichsäcke als Unterlage zu verwen-

den. Die Steinblöcke und -platten werden mittels Gurten oder Ketten vom LKW-Kran oder Bagger hochgehoben und unter größter Vorsicht versetzt. Die Hohlräume zwischen den Steinen müssen mit Dichtbeton verschlossen werden, damit das Wasser sichtbar über die Steine rinnt und sich keinen unterirdischen Weg sucht.

Wasserfall bei einer sehr großen Teichanlage.

87

Der Badeteich im Garten

Quellstein

Wasserspiel in Form einer Wasserglocke.

Gleiche oder ähnliche Vorkehrungen sind beim Versetzen von größeren Quellsteinen zu treffen. Dabei ist auf ein frostsicheres und stabiles Fundament zu achten. Ebenso auf eine frostfreie Verlegung der wasserführenden Leitungen und Schläuche sowie die Möglichkeit, diese zu entleeren.

Mühlsteine als „Quellsteine" und Wasserkaskaden.

Fontänen und Springbrunnen

Im einschlägigen Fachhandel werden verschiedene Modelle von Fontänen und Springbrunnen angeboten. Auch wasserspeiende Frösche, Fische, Jung-

frauen und Meeresgötter – aus den unterschiedlichsten Materialien gefertigt – gibt es in großer Zahl. Nicht zu vergessen, der angelnde Gartenzwerg. Für jeden Geschmack wird etwas passendes zu finden sein.

Alle Fontänen, Springbrunnen und Figuren, innerhalb und außerhalb des Wassers, müssen auf stabile Unterlagen oder Fundamente aufgesetzt werden. Von Seerosen ist genügend großer Abstand zu halten, denn sie lieben es keinesfalls, dauernd besprüht zu werden oder im bewegten Wasser zu schaukeln.

Filter

In den letzten Jahren wurden Teichfilter entwickelt, die leicht zu installieren und – was noch wichtiger ist – leicht zu kontrollieren und zu warten sind. Sie liefern dann gute Ergebnisse, wenn die Förderleistung der Umwälzpumpen nicht zu groß ist und damit für keine zu rasche Wasserumwälzung sorgt. Damit wird verhindert, daß die natür-

88

Der Badeteich im Garten

Teichfilter mit offenporigen Schaumstoffelementen, die eine mechanische und biologische Reinigung ermöglichen. Der Filterkasten kann eingegraben werden und wird somit fast unsichtbar.

anschließend zunächst keine biologische Wasserreinigung stattfinden könnte.

Binsenfilter sind schon seit Jahrzehnten als biologische Kläranlagen von Hausabwässern im Einsatz und haben sich bestens bewährt. Auch für unsere Badeteiche kommen sie infrage. Die Größe der Binsenkläranlage muß mindestens 10 % der Badeteichoberfläche ausmachen. Eine rechteckige Wanne wird etwa 60 cm tief ausgehoben und mittels Folie abgedichtet. Das Pflanzsubstrat für Binsen, Schwertlilien, Kalmus, Seggen und anderen besteht aus einem Sand-Lehm-Gemisch im Verhältnis von 6 : 1. Bei größeren Binsenkläranlagen muß die Tiefe 80 bis 100 cm betragen, um auch mit Rohrkolben und Schilf bepflanzt werden zu können. Das Badeteichwasser wird vom Teichgrund mit einer entsprechenden Pumpe in die höher als der Badeteich angeordnete Binsenkläranlage gefördert. Von dort kann es beispielsweise über einen Bachlauf oder Kaskaden wieder in den Badeteich zurückplätschern und sich auf diesem Wege mit Sauerstoff anreichern. Der Wassereinlauf in die Binsenkläranlage erfolgt über ein gelochtes Verteilerrohr. Dieses befindet sich in einem Schotterkoffer im Einlaufbereich vor den Repositionspflanzen.

An den Wurzeln dieser Pflanzen und im Pflanzsubstrat siedeln sich sogenannte Wurzelraumbakterien an, die

lichen Filtrierer, insbesondere Zooplankton, nicht miteingesaugt und ausgefiltert werden. Die Filtergehäuse bestehen aus Kunststoff und können in eigenen Schächten oder im Freien aufgestellt oder eingegraben werden. Die Filteranlagen sind für den Betrachter möglichst unsichtbar unterzubringen, müssen aber trotzdem gut zugänglich sein, um eine leichte Reinigung der Filtermedien zu ermöglichen. Als Filtermedien haben sich Bürsten, offenporige Schaumstoffe sowie Ton- und Glasgranulate bewährt. Ebenso Kunststoffelemente mit möglichst großen Oberflächen, damit sich Bakterien ansiedeln können. Diese Bakterienkulturen bauen unter anderem die Stickstoffverbindungen ab und müssen ständig von sauerstoffreichem Wasser durchströmt werden. Die Filtermaterialien dürfen folglich nicht vollständig gereinigt werden, da ansonsten die Bakterienrasen zerstört würden und

89

Der Badeteich im Garten

für Reinigung und Nährstoffumwandlung sorgen. Die Wartung einer Binsenkläranlage beschränkt sich auf das Entfernen von Laub und im Frühjahr auf das Zurückschneiden der Pflanzen.

Beleuchtung

Ein besonderer Reiz geht von beleuchteten Wasserflächen, Pflanzenzonen, Wasserfällen, Bachläufen und Wasser-

Eine Pflanzen- oder Binsenkläranlage mit üppigem Pflanzenwuchs.

Wasserbelebungsgeräte

Wasser ist nicht gleich Wasser, es steckt viel mehr in ihm, als mit der chemischen Formel H_2O auszudrücken ist. Es ist möglich, „biologisch tote" Gewässer wiederzubeleben, Algen zu bekämpfen, die Keimzahlen zu reduzieren und wieder Trinkwasserqualität herzustellen. Sogar Abwässer von Galvanisierbetrieben können wiederbelebt werden.

spielen wie zum Beispiel Springbrunnen aus. Dabei ist es besonders wirkungsvoll, einzelne markante Zonen zu beleuchten, um Licht- und Schattenwirkungen zu verstärken. Es eignen sich besonders Niedervoltsysteme, die in verschiedenen Leuchten- und Strahlerformen angeboten werden. 230 V-Systeme dürfen nur von konzessionierten Elektrikern im Wasser oder in Wassernähe verlegt werden. Das gilt sowohl für Außenleuchten, also Strahler, die im

Der Badeteich im Garten

Beleuchtungen, am besten mit Niedervoltsystemen, ermöglichen besonders reizvolle Effekte.

Freien verwendet werden, und ganz besonders für Unterwasserstrahler. Diese Unterwasserleuchten werden in Kombination mit Springbrunnenpumpen zur Beleuchtung der Fontänen eingesetzt. Damit können reizvolle Lichteffekte erzielt werden.

Der Badeteich selbst kann ebenfalls mit Strahlern erhellt werden, die vielleicht an der Hausmauer, möglichst unauffällig zu montieren sind. Aber auch Unterwasserstrahler können beispielsweise in einer Mauer, die ein Teichsteilufer bildet, eingesetzt werden. Der Strahler muß von außen durch einen Schacht zugänglich sein.

Hinweise

Nochmals möchte ich darauf hinweisen, daß Elektroarbeiten von konzessionierten Fachfirmen durchzuführen sind. Unsachgemäße Installationen können tödliche Folgen nach sich ziehen!

Pumpen und wasserführende Leitungen sind frostfrei zu überwintern, entweder im Teich selbst oder in einem frostgeschützten Raum, da sie sonst zerstört werden.

Teichmolche, *Triturus vulgaris*, hier das Porträt eines Weibchens werden sich in den meisten Fällen von selbst am Badeteich ansiedeln. Foto: Dr. J. Schmidt

Große Badeteiche

Dieser Badeteich hat eine Größe von etwa 5 000 m² und wurde von einer Privatperson errichtet, was nur selten vorkommt. Badeteiche in dieser Größenordnung werden sonst wohl nur von Kommunen für den öffentlichen Badebetrieb errichtet, wofür es sehr viele gut funktionierende Beispiele gibt.

Die Vorraussetzungen zur Verwirklichung dieses Projekts waren besonders günstig. In einem nach Osten geneigten Hang befand sich ein Graben, in den mehrere kleine Quellen münde-

ten, die aber nicht sehr ergiebig waren. Immerhin konnte man aber von einem feuchten, bis nassen Bereich sprechen, was auch durch die üppige Vegetation ersichtlich war. Entwässert wurde dieses Rinnsal in einen kleinen Bach.

Mittels Bagger wurden der Badeteich und der wesentlich kleinere Quellsammelteich ausgehoben. Bedauerlicherweise wurde der natürliche Quellbereich dadurch zerstört. Mit dem Aushubmaterial wurde der Erddamm als Talsperre errichtet. Der Quellteich besitzt einen Überlauf in den großen

Große Badeteiche

Teich. Der Badeteich selbst hat einen Überlauf in den schon vorhandenen kleinen Bach und einen höhenregulierbaren Mönch, um den Wasserstand verändern zu können. Der Badeteich läßt sich über diesen Mönch auch vollkommen entleeren.

Das vorhandene Erdmaterial war dicht genug, so daß keine weitere Abdichtung erforderlich war. Die vorhandenen Sumpfpflanzen wie Binsen, Seggen und Blutweiderich wurden vor den Erdarbeiten ausgegraben und später wieder eingepflanzt. Für die Teichbepflanzung wurden Wasserpflanzen für die verschiedenen Tiefenzonen anderen Teichen entnommen und zugekauft. Es waren dies vor allem Laichkräuter, Wasserstern und Rohrkolben. Fische wurden keine eingesetzt, daher ist daraus ein von Amphibien bevorzugtes

Laichgewässer geworden, obwohl auch immer wieder Stockenten in Teichnähe brüten.

Zwei Holzstege wurden errichtet, um leicht in den Schwimmbereich zu gelangen und um die Mönche bedienen zu können. Die Pflegearbeiten beschränken sich auf das Entfernen zu vieler Wasserpflanzen und die üblichen Mäharbeiten der umliegenden Wiesenflächen. Aus Sicherheitsgründen ist die ganze Anlage von einem stabilen Zaun umgeben. Der Eintritt erfolgt durch ein versperrbares Tor.

Durch diese private Initiative und Investition ist ein hervorragendes Feuchtbiotop für Mensch und Tier entstanden, das auch ausgezeichnet in die Landschaft eingebunden wurde. Dieser Badeteich stellt somit eine absolute Bereicherung dieser Gegend dar.

Karpfen, *Cyprinus carpio*, haben auch in großen Badeteichen nichts zu suchen, da sie stark gründeln und dadurch das Wasser ständig trüben würden.
Foto: Dr. J. Schmidt

Große Badeteiche

In einem parkähnlichen Garten wurde dieser ungefähr 500 m² große Badeteich angelegt. Besonders eindrucksvoll ist die Aussicht von der Hausterrasse auf dieses künstlich angelegte Gewässer. Am Rand der Terrasse befindet sich ein Quellstein, von dem das Wasser über einen kleinen Bach in mehreren Kaskaden zum Badeteich fließt.

Die Abdichtung erfolgte mit einer vor Ort verschweißten schwarzen Teichfolie. Der Schwimmbereich ist über einen großzügig angelegten Holzsteg erreichbar und bis 2,50 m tief. Ausreichend dimensionierte Pflanzenzonen sind nicht nur schön anzuschauen, sondern unbedingt notwendig, um das Wasser nährstoffarm zu halten und damit das Algenwachstum zu hemmen.

Das relativ stark basische Brunnenwasser, welches zur Befüllung des Badeteichs dient, ist problematisch. Durch die regulierbare Zuleitung sauberen Regenwassers ließ sich eine Verbesserung erzielen. Ebenso wurde das Pflanzenwachstum im Bereich der Flachwasserzonen durch Einbringen eines geeigneten Pflanzsubstrats wesentlich verbessert – und damit auch die Wasserqualität. Ursprünglich wurde nur Kies als Substrat verwendet und die meisten Pflanzen kümmerten.

Im Schwimmbereich wird der anfallende Schlamm fallweise abgesaugt und Wasser nachgefüllt. Dies ist eine bemerkenswert schöne Anlage, die sich ausgezeichnet in den „Parkgarten" einfügt und den Besitzern viel mehr Freude als Arbeit macht.

Große Badeteiche

Haus und Badeteich bilden eine Einheit. Schon bei der Planung des Hauses und der Außenanlagen wurde dieser ungefähr 300 m² große Badeteich miteinbezogen. Erst nach der Fertigstellung des Hausrohbaus wurde der Erdaushub durchgeführt. Die schwarze Abdichtungsfolie wurde an Ort und Stelle verschweißt.

Die größte Tiefe der Schwimmzone beträgt 3 m. Der Einstieg in den Schwimmbereich ist über eine eigene auskragende Plattform möglich, die direkt an die Terrasse anschließt. Durch die auskragende Konstruktion scheint diese Plattform über dem Wasser zu schweben. Die Holzteile bestehen aus unbehandelter Lärche, die Stützen aus rostfreiem Stahl.

Die einzelnen Pflanzenzonen müssen noch überarbeitet werden, besonders in der Tiefenzone sind bedeutend mehr Pflanzen einzusetzen. Zur Zeit sind nur einige Seerosen in Körben vorhanden, was auch optisch unbefriedigend ist. Im Bereich der Terrasse ist noch ein kleiner Wasserfall geplant, um fließendes Wasser anregend plätschern zu hören. Schlamm und Fallaub werden mit einem Schlauch, der an einer Teleskopstange befestigt ist, mittels einer Saugpumpe entfernt. Diese befindet sich außerhalb des Wassers und ist transportabel. Der Wasserverlust durch Absaugen oder Verdunstung wird mit gefiltertem Regen- oder Leitungswasser ergänzt.

Vom Inneren des Hauses und von der Terrasse blickt man auf das Wasser und Lichtreflexe zeichnen lebendige Muster an die Decken. Dieses „Haus am See" vermittelt auf diese Weise eine ständige Urlaubsstimmung.

95

Kleine Badeteiche

Dieser kleine Badeteich mit einer Wasserfläche von etwa 50 m² wurde gleichzeitig mit einem Wintergartenanbau realisiert. Bei dieser Gelegenheit wurden auch die Terrasse und die gesamte übrige Gartenanlage hergestellt. An zwei Seiten wurde eine Mauer errichtet, die den Terrassenabschluß und das Auflager für den Badesteg bilden. Unter dem Steg befindet sich ein Pumpenschacht samt Filter. Die hellblaue Folie wurde an Ort und Stelle verarbeitet.

Im Schwimmbereich wurden ein Bodenablauf sowie ein Skimmer eingebaut. Über diese Anschlüsse kann zu Reinigungszwecken abgesaugt werden. Die Größe der Pflanzenzonen ist bescheiden, doch stand einfach nicht mehr Platz zur Verfügung. Die Pumpe kann einen Wasserkreislauf erzeugen, der das Wasser mit Sauerstoff anreichert. Trotz der geringen Größe des Gartens ist es gelungen, einen zwar kleinen, aber feinen, Badeteich zu integrieren.

Kleine Badeteiche

Ungewöhnlich ist dieser nur 35 m² große Badeteich, der eine Rechteckform aufweist. Zuerst wurde der Gartenteich gebaut und erst Jahre später wurde der Wunsch nach einem Badeteich wach. Geländebedingt wäre es nur mit sehr aufwendigem Maschineneinsatz und großen Erdbewegungen möglich gewesen, den vorhandenen Teich zu einem Badeteich umzubauen. Durch den lehmigen Boden war es möglich, die Wände nahezu senkrecht herzustellen. Bevor die Abdichtung verschweißt wurde, wurde eine allseitige Wärmedämmung aus 5 cm dicken XPS-Platten verlegt. Damit wird eine Erhöhung der Wassertemperatur erreicht, da dieser Teich auf 550 m ü. NN liegt. Die längsseitige Pflanzenterrasse ist nahezu ausreichend, um fast das ganze Jahr glasklares Wasser zu erzeugen. Bei

Bedarf kann der Gartenteich mit seinen üppigen Pflanzenzonen als zusätzliches „Klärbecken" verwendet werden. Durch Anbringen eines Netzes gegen Laubeintrag und regelmäßiges Entfernen von Ablagerungen ist die Wasserqualität sehr gut. Wasserverluste werden mit Regenwasser vom Hausdach ersetzt.

Dieses Beispiel zeigt, daß auch solche „Badebecken" funktionieren können.

Kleine Badeteiche

Trotz schwieriger Voraussetzungen konnte dieser idyllische kleine Badeteich mit einer Größe von ungefähr 50 m^2 angelegt werden. Mit einem Minibagger, der über den Zaun gehoben wurde, erfolgte der grobe Erdaushub. Im Bereich des Teichbodens mußten sogar Felsen von Hand abgeschremmt werden. Ebenso waren die Pflanzenzonen, alle Feinarbeiten und die Angleichung an den bestehenden Garten von Hand herzustellen. Dazu wurde auch gleich das angefallene Aushubmaterial verwendet.

Der Badeteich kann von der Hausterrasse nicht eingesehen werden, da diese geländebedingt etwa 6 m höher liegt. Dieser Nachteil wurde durch einen eigenen kleinen schattigen Sitzplatz, der auf halber Höhe liegt, mehr als wett gemacht. Von dort ist der Badeteich samt Garten gut zu überblicken. Neben diesem Sitzplatz, also etwa 3 m höher als der Wasserspiegel, befindet sich ein kleines Quellbecken. Von dort

plätschert das Wasser über einen mehrstufigen Wasserfall in den Badeteich. Der Kreislauf wird durch eine entsprechend dimensionierte Teichpumpe hergestellt.

Üppig wächst eine große Vielfalt Sumpf- und Wasserpflanzen in den verschiedenen Pflanzenzonen und hält das Wasser glasklar.

Dies ist ein besonders gut gelungenes Beispiel eines Badeteichs, der Mensch und Tier erquickt, denn auch der Hund darf hinein. Und die Wildenten kommen auch zu Besuch. Statt einer Rasenfläche wurde ein Lebensraum für eine Pflanzen- und Tiervielfalt geschaffen.

Kleine Badeteiche

Kleine Badeteiche

Im Garten eines Reihenhauses wurde dieser ungefähr 40 m² große Badeteich verwirklicht. Ein kleiner Zierteich mit schöner Bepflanzung, Staudenbeete und eine Rasenfläche waren vorhanden. Dieser Gartenteich wurde in die Pflanzenzone des Badeteichs integriert und fast die ganze vorhandene Rasenfläche wurde dem Badeteich „geopfert". Um überhaupt genügend Länge zu erreichen, wurde der Badeteich mit der Schwimmzone diagonal im Garten plaziert.

Mit einem kleinen Bagger wurde der Aushub durchgeführt. Das anfallende Material wurde zum Teil abtransportiert, die Kies- und Schotteranteile wurden in den Pflanzzonen und für die Ufergestaltungen verwendet. An Ort und Stelle wurde eine stabile, schwarze Folie mittels Heißluft verschweißt. Ein auskragender Ufersteg aus Holz führt zu einem größeren Liegeplatz neben der Hausterrasse. Dort befindet sich auch die Möglichkeit, Regenwasser zu sammeln und kontrolliert dem Teich zuzuführen.

Ablagerungen im Schwimmbereich werden regelmäßig abgesaugt. Ein Problem stellt jedoch der Besatz mit Rotfedern dar. Diese vermehren sich stark, fressen natürlich alles was ihnen vor die hungrigen Mäuler kommt – samt dem für die Wasserklärung notwendigen Zooplankton. Trotz Abfi-

Kleine Badeteiche

schen und samt dem Auspumpen des Teichs sind sie nicht vollständig zu entfernen. Also wie schon im Kapitel „Fische" gesagt, Fische haben in Badeteichen, ganz besonders in so kleinen, nichts verloren. Dies ist ansonsten ein Beispiel dafür, daß auch in sehr kleinen Gärten Badeteiche machbar sind.

Am Rande einer leicht abfallenden Wiese liegt dieser Badeteich, mit einer Wasserfläche von etwa 50 m². Ein Flachufer ermöglicht den Einstieg für die Kinder des Hauses. Die Teichfolie wurde zusätzlich mit einer Lage Vlies abgedeckt, da relativ große Steine und dazwischen Kies für den Teichboden, aber auch für die Böschungen, verwen-

det wurden. Das schaut zwar gut aus, hat aber den großen Nachteil, daß schlammige Ablagerungen und Laub aus den Hohlräumen zwischen den Steinen nur sehr schwer und nicht vollständig entfernt werden können. Dadurch tritt auch verstärkt Algenwuchs auf.

Eine Verbesserung wäre nur möglich, wenn Steine und Kies zumindest im Bereich der Teichsohle entfernt würden, um eine effektivere Reinigung durchführen zu können. Diese Sanierungsarbeiten sind neben einer Vergrößerung der Pflanzenzonen durchaus zu empfehlen, um in diesem hübschen, kleinen Gewässer ungetrübte Badefreuden zu erleben.

101

Kleine Badeteiche

Das untenstehende Foto zeigt einen Badeteich, dessen Abdichtung aus hellblauer Teichfolie besteht und dessen Abgrenzungen zu den Pflanzenzonen mit Kunststoff-Wandelementen hergestellt wurden. Mit Hilfe dieser „Modulbauweise" sind vielfältige Formen und die Anlagen relativ kleiner Badeteiche möglich.

Im Vordergrund ist ein Badesteg aus Holz erkennbar, der gleichzeitig eine Abgrenzung zur Pflanzenkläranlage ist. Unter dem Steg oder an einer anderen geeigneten Stelle kann der Pumpenschacht plaziert werden. Mit einer Pumpe können über ein Mehrwegventil mehrere Kreisläufe betrieben werden. Die Pflanzenkläranlage, ein Skimmer und ein eigener Wasserkreislauf befinden sich im unteren, uferseitigen Bereich der Wandelemente. Da sich hinter den Wandelementen ein Schotterkoffer und die Pflanzenzonen befinden, wird dadurch die Wasservermengung und Filtermöglichkeit gefördert. Ebenso kann mit dieser oder einer eigenen Pumpe ein Bachlauf, Wasserfall oder Quellstein betrieben werden.

Die Reinigung der Schwimmzone ist einfach über den Skimmer möglich oder automatisch über einen Reinigungs-Roboter. Diese „schlüsselfertigen" Badeteichanlagen funktionieren gut, sind leicht sauberzuhalten, ähneln aber schon sehr Swimmingpools konventioneller Bauweise.

Umgebauter Swimmingpool

Das bestehende Betonbecken wurde mit der Zeit undicht und mußte saniert werden. Da zu dieser Zeit Badeteiche schon in „Mode" waren, beschäftigte sich der Besitzer mit dem Gedanken, seinen Swimmingpool in einen naturnahen Badeteich umzubauen. Zwei Wände der Betonwanne wurden bis zu 70 cm in der Höhe reduziert, um einen Übergang in die neuen Pflanzenzonen zu schaffen. Nach dem Aushub der verschieden tiefen Pflanzenzonen wurde vor Ort eine schwarze Abdichtungsfolie verlegt.

In ein mageres Pflanzsubstrat wurde eine große Pflanzenvielfalt gesetzt, die bestens angewachsen ist. Die vorhandene Filteranlage wird nurmehr zum Absaugen im Schwimmbereich verwendet. Der Umbau hat sich gelohnt, der Besitzer und die Natur haben eindeutig gewonnen.

Der Badeteich im Garten

Jeder, der sich ernsthaft die Errichtung eines Teichs – in welcher Form auch immer – überlegt, sollte sich bewußt sein, daß er damit in seinem Garten eine Arche schafft. Einen Lebensraum für Pflanzen und Tiere, viele von ihnen sind gefährdet und vom Aussterben bedroht. Das heißt: Weg, für immer verschwunden, nicht mehr nachzumachen, unwiederbringlich ausgelöscht!

Es ist also möglich, nicht nur seinen eigenen Lebensraum zu verbessern und zu verschönern, sondern ein Eldorado für die bedrohte Natur zu schaffen. Und wir sind einfach ein Teil von ihr. Auch wenn wir es nicht immer wahrhaben wollen – aber es ist so.

Der Fantasie sind bei der Gestaltung ihres Badeteichs keine Grenzen gesetzt. Dazu jedoch ein Fingerzeig: Vielfalt statt Einfalt!

Das gilt vor allem für die Bepflanzung des Badeteichs. Je größer die Artenvielfalt ist, desto schöner wird der Anblick sein und vor allem, was noch wichtiger ist, desto klarer wird das Wasser sein. Vorraussetzung ist aber ein mageres Pflanzsubstrat. Denken wir an Trockenrasen oder Almwiesen mit ihrer überwältigenden Blütenpracht der meist seltenen Pflanzen. Ich denke dabei auch an ein Moorbeet, das angelegt werden kann, es ist unbedingt zu empfehlen. Aber wehe, wenn sie gedüngt werden, dann ist es vorbei. Und noch ein zusätzlicher Effekt ergibt sich damit, sie ersparen sich aufwendige technische Einrichtungen. Die Natur machts ganz allein, ohne unser zutun, wenn nur die Voraussetzungen stimmen.

Für Kinder sind Gewässer immer ein besonderer Anziehungspunkt. Wenn ihnen im eigenen Garten ein Badeteich zur Verfügung steht, dann ist das Glück wohl perfekt. Mit ihren Beobachtungen gewinnen sie einen ganz anderen Bezug zur Natur, es können prägende Erlebnisse sein, die für ihr

Der Badeteich im Garten

weiteres Leben entscheidend wirken können.

Je mehr Menschen sich nun für den Bau eines Badeteichs entscheiden, desto mehr neue Lebensräume wird es geben und alle Betroffenen werden zu den Gewinnern zählen. Ich hoffe nur, daß Sie mit diesem Buch genügend Anregungen und Informationen erhalten, um den Sprung ins Vergnügen zu wagen. Seien sie kein Frosch – auch der Frösche wegen. Ich wünsche gutes Gelingen.

Ein Naturteich am Stadtrand gelegen, ist ein idealer Platz, um Pflanzen und Tiere zu beobachten.

Das reinste Vergnügen

Ein Swimmingteich macht es möglich – Gartenbesitzer mit Herz für Umwelt und Natur müssen nicht mehr aufs Schwimmvergnügen verzichten.

Ein Spaziergang an einem See, entlang eines Flusses oder Bachs zeigt: Wasser übt eine Faszination auf den Menschen aus und zieht ihn in seinen Bann. Zur Abkühlung an heißen Sommertagen wünschen sich viele eine eigene Bademöglichkeit im Garten. Doch der klassische hellblaue Swimmingpool hat Konkurrenz bekommen. Denn der Swimmingteich ist das ganze Jahr über eine optische Bereicherung für den Garten. Neben dem sommerlichen Badevergnügen eröffnet sich bei dieser Kombination aus Biotop und Schwimm-

Das reinste Vergnügen

becken dem Benutzer eine neue Welt: Libellen, Frösche, Molche oder Käfer bevölkern schon wenige Tage nach der Fertigstellung die Regenerationszone des Teichs.

Seit der ersten Idee zur Entwicklung von Schwimmteichen hat sich bei der technischen Entwicklung viel getan. Das Grundprinzip des Swimmingteichs, das sich seit dem Bau der ersten Anlage bewährt, ist jedoch gleich geblieben. Die Gestaltungsmöglichkeiten sind nahezu unbegrenzt: Jeder Teich wird nach den ganz persönlichen Vorstellungen des Kunden gestaltet. Für ein stabiles biologisches Gleichgewicht sollte er jedoch eine Größe von mindestens 40 m² aufweisen, was sich in jedem Garten leicht realisieren läßt.

Alle Fotos S. 106-121:
Biotop Landschaftsgestaltung GmbH.

Das reinste Vergnügen

Die Gesamtwasserfläche des Natur-
badeteichs teilt sich in eine Schwimmzone und einen Regenerationsbereich:
Die zwei Meter tiefe Schwimmzone
bietet Platz zum Planschen, Hinein-
springen und Tauchen, kurz: Für den
perfekten Badespaß. Im seichten Regenerationsbereich wird das Wasser von
Pflanzen natürlich gereinigt und durch
die natürlichste Heizung der Welt, die
Sonne, erwärmt. So erreicht der Swimmingteich schon früh im Jahr ange-
nehme Badetemperaturen, im Sommer
sogar bis zu 28 °C. Zwischen Regenera-
tions- und Schwimmzone gibt es eine

108

Das reinste Vergnügen

Ruhe-Pool: Bewachsene Ufer und naturreines Wasser: Der Swimming-Teich ist das ganze Jahr über schön anzusehen.

Trennmauer, die, um eine ungehinderte Wasserzirkulation zuzulassen, nicht ganz an die Oberfläche reicht. Abgedichtet wird der Swimmingteich mit einer UV-beständigen und schwermetallfreien Kunststoffolie, die über die Abtrennung zwischen Schwimm- und Regenerationszone bis an den Rand gezogen wird. Zudem kann sich jeder Swimmingteichbesitzer nach Wunsch und Bedarf noch für Zusatzausstattungen entscheiden: Unterwas-

109

Das reinste Vergnügen

Das reinste Vergnügen

Das reinste Vergnügen

Querschnitt durch einen Swimmingteich:
① Vom Steg ins Wasser springen ② ... und in der
Schwimmzone ausgiebig baden. ③ Im Regenerationsbereich wird das Wasser natürlich aufbe-
reitet. ④ Winkelelemente trennen die beiden
Bereiche. ⑤ Der tierschonende Skimmer.

serscheinwerfer machen das Baden
auch in der Nacht zum Erlebnis. Eine
automatische Wassernachfüllung ersetzt den Wasserverlust, der an heißen
Sommertagen durch Verdunstung bis
zu einem Zentimeter betragen kann.
Der tierschonende Skimmer reinigt die
Wasseroberfläche, gibt aber gleichzeitig
kleinen Teichbewohnern die Chance,
unbeschadet zu entkommen.
Etwa zwei Wochen beträgt die Bauzeit
für einen Swimmingteich. Die Kosten
sind ähnlich wie für den Bau eines
Pools, die laufenden Erhaltungskosten
jedoch deutlich niedriger. Der Badeteich muß nur einmal befüllt werden.

Das reinste Vergnügen

Das reinste Vergnügen

Kinderparadies: Für Kinder ist der Swimmingteich ein Spielplatz mit viel „Action".

Bereits nach sechs Wochen stellen sich das biologische Gleichgewicht und Selbstreinigungsvermögen im Biotop ein: Schwimmende Teilchen treiben an den Rand und sinken ab. Nährstoffe werden von den Pflanzen resorbiert, Mikroorganismen vernichten schädliche Bakterien. Der Reinigungsaufwand, der für den Teichbesitzer bleibt, ist eine eher entspannende Tätigkeit als unangenehme Arbeit.

Der Swimmingteich ist eben weit mehr als ein privates Badeparadies: Er kann sogar vom Aussterben bedrohten Tier- und Pflanzenarten einen neuen Lebensraum bieten. Und das Stechmückenvorurteil, das viele beim Gedanken an einen Gartenteich plagt, kann ein für allemal ausgeräumt werden: Im Biotop tummeln sich genügend Räuber, die Mücken einfach zum Fressen gerne haben ...

114

Das reinste Vergnügen

Das reinste Vergnügen

Das reinste Vergnügen

Das reinste Vergnügen

Das reinste Vergnügen

Das reinste Vergnügen

Literatur

BAENSCH, H. A., PAFFRATH, K. & SEEGERS, L. et al. 1992. Gartenteich Atlas. Melle.

BALLASINA, D. 1984. Europäische Amphibien. Zürich.

BELLMANN, H. 1988. Leben in Bach und Teich. München.

DEGEN, B. 2002. Ihr Hobby Gartenteiche. Ruhmannsfelden.

DIESENER, G. & REICHHOLF, J. 1985. Lurche und Kriechtiere. München.

ENGELHARDT, W. 1989. Was lebt in Tümpel, Bach und Weiher? Stuttgart.

GONELLA, H. 2002. Ihr Hobby Goldfische in Gartenteich und Aquarium. Ruhmannsfelden.

GONELLA, H. & BOEHRER, P. 1999. Ihr Hobby Koi – japanische Farbkarpfen. 2. Aufl. Ruhmannsfelden.

KAPFER, A. & KONOLD, W. & HUTTER, C.-P. 1993. Seen, Teiche, Tümpel und andere Stillgewässer. Stuttgart.

KOHLE, R. & SULZBERGER, R. o. J. Gartenteich und Bachlauf. Augsburg.

KRONBERGER, H. & LATTACHER, S. 1995. Auf der Spur des Wasserrätsels. Wien.

LUDWIG, H. W. 1987. Tiere im Gartenteich. München.

MICHAELI-ACHMÜHLE, P. 1983. Mein Gartenteich und seine Pflanzen. München.

MUUS, B. J. & DAHLSTRÖM, P. 1993. Süßwasserfische. München.

REICHHOLF, J. 1988. Feuchtgebiete. München.

REICHHOLF-RIEHM, H. 1984. Insekten. München.

ROBINSON, P. 1997. Traumhafte Wassergärten. Augsburg.

SICKA, P. D. 1999. Der Naturteich im Garten. Rodgau.

STADELMANN, P. 1992. Der Bach im Garten. München.

STEIN, S. 1984. Wassergärten. München.

VILCINSKAS, A. 2002. Ihr Hobby Heimische Aquarienfische. Ruhmannsfelden.

WEIXLER, R. & HAUER, W. 1998. Garten- & Schwimmteiche. Graz.

Unterschiede zwischen Naturteichen, Gartenteichen und Schwimmteichen

Naturseen im klassischen Sinn sind relativ abgeschlossene Lebensräume und ohne Zutun des Menschen entstanden. Zum Beispiel Waldtümpel in Auegebieten. Gartenteiche, die künstlich angelegt werden, können dennoch besonders naturnah gestaltet werden. Ausschließlich mit heimischen Pflanzen und Tieren besetzt sind sie von Naturteichen eigentlich nicht zu unterscheiden. Künstlich angelegte Gartenteiche können aber auch als Zierteiche gestaltet werden, wie sie in der Natur nicht vorkommen. Ich denke vor allem an die Japanischen Wassergärten, aber auch an kleinere Zierteiche im Bereich von Terrassen, eventuell mit Fontänen und Wasserspeiern gestaltet. Es können aber auch spezielle Zierteiche sein, die eine besondere Funktion zu erfüllen haben, wie etwa Koi-Teiche. Es können aber auch Becken für tropische Pflanzen, wie Seerosen oder Papyrusstauden sein. Alles ist möglich – und es gibt keine scharfen Grenzen.

Künstlich angelegte Schwimmteiche sind nun eine Kombination aus einem Gartenteich und einem pflanzenfreien Schwimmbereich. Es kann sich also um sehr natürlich wirkende Anlagen handeln, es kann aber auch mehr Wert auf Dekoration und „Design" gelegt werden, also auch wieder Zierteichcharakter haben. Ich erinnere hier auch an künstlich angelegte Teiche zur Nutzfischzucht, die oft von Naturteichen nicht zu unterscheiden sind und sich hervorragend zum Baden und Schwimmen eignen. Schwimmteiche haben einen größeren Platzbedarf als Garten- und vor allem kleinere Zierteiche. Es gibt keine generellen Normen zur Gestaltung. Jedoch müssen Schwimmteiche besondere Anforderungen erfül-

Badeteiche lassen sich, bei Verwendung entsprechender Technik, eindrucksvoll beleuchten.

len und sind daher nur von erfahrenen Fachleuten zu planen und auszuführen, um keine Enttäuschungen zu erleben. Im Kapitel Beispiele werden verschieden große Schwimmteiche vorgestellt, die Ihnen vielfältige Gestaltungsmöglichkeiten vor Augen führen.

Zusammenfassend soll nochmals festgehalten werden:

● Naturteiche sind nicht von Menschen geschaffen und von heimischen Pflanzen und Tieren bewohnt.

● Gartenteiche sind von Menschen künstlich errichtet. Sie können wie Naturteiche gestaltet werden, ebenfalls mit heimischen Pflanzen und Tieren. Oder als

● Zierteiche, die durchaus mit ausländischen Pflanzen und Tieren besetzt sein können. Hier stellt aber das Aussetzen dieser Pflanzen und Tiere in die freie Natur eine gewisse Gefahr dar. Als Beispiel: Amerikanische Schmuckschildkröten in heimischen Naturteichen.

● Schwimmteiche im Garten, ebenfalls künstlich geschaffen, die wiederum sehr natürlich wirken können oder mehr einem Zierteich nahe kommen können.

● Fischteiche, ebenfalls fast immer künstlich angelegt, können – wie schon erwähnt – Naturteichen sehr nahe kommen und sind zum Schwimmen und Baden durchaus geeignet. Wenn es sich aber um einen schön gestalteten Koi-Teich handelt, ist vom Schwimmen eher abzuraten.

Wie funktioniert nun ein Schwimmteich? Das Verhältnis Schwimmzone zu Pflanzenzone soll mindestens 1 zu 1 betragen. Bei stärker frequentierten Schwimmteichen – privaten und vor allem öffentlichen Teichen – muß die Pflanzenzone größer ausgelegt werden. Das Verhältnis wird dann 1 zu 2 bis 1 zu 3 und darüber sein. Diese Pflanzenzonen sind die Regenerationsbereiche des Schwimmteichs und bewirken mit ihren Mikroorganismen und Pflanzen einen Großteil der Reinigung und Klärung des Wassers. Wenn diese Verhältnisse nicht erreicht werden, muß an eine zusätzliche mechanische, biologisch wirkende Filterung gedacht werden.

Der Autor: 1942 in Graz, Österreich, geboren und am Rande der Stadt aufgewachsen. Damals in einer noch recht natürlichen Umgebung, mit beispielweise noch nicht regulierten Gewässern. Vor allem die Auwälder entlang des Murflusses wurden mit dem Fahrrad erkundet und waren beliebte „Expeditionsgebiete". Ein prägendes Erlebnis, an das sich der Autor noch heute erinnert, war ein Landaufenthalt in Kärnten – heute Urlaub am Bauernhof genannt – um 1950. Die Bäuerin brachte ihm das Schwimmen in einem Naturteich bei. Er hing wie ein Fisch an der Angel und lernte so seine ersten Tempi.

Von da an ließ ihn das Wasser nicht mehr los. Die naturkundlichen Exkursionen in die Mur-Auen und 1953 in die Salzach-Auen bei Salzburg (damals

Auegebiet im zeitigen Frühjahr.

war dort noch die Europäische Sumpf-schildkröte zu finden) weckten und vertieften gleichzeitig die Liebe und Achtung zur Natur. Das feuchte Element wurde ein Teil seines Lebens. Schon 1958 begann er sich für die Aquaristik zu interessieren. Seinerzeit natürlich in ganz bescheidenem Umfang. Alsbald trat er dem Grazer Aquarien- und Terrarienverein, gegr. 1897, bei, dem er bis heute angehört. Jahrzehntelang war er mitbestimmend im Vorstand tätig.

1967 wurde zum 70jährigen Vereinsbestand eine großartige Jubiläumsausstellung mit etwa 80 Aquarien und Terrarien von ihm geplant und mitgestaltet. In dieser Zeit waren auch das Züchten von Aquarienfischen und die Beschaffung von Tümpelfutter seine großen Leidenschaften.

Gert Walter

Seit 1975 befaßt er sich mit Beratung, Planung und Bau von Gartenteichen. Auch sogenannte Schultümpel wurden unter entsprechender Anleitung von Schülern im Rahmen des Projektunterrichts entworfen und gebaut. Fast zwangsläufig beschäftigte er sich in der Folge mit der Haltung und Zucht heimischer Fische und anderer Wasserbewohner. Auch eine umfangreiche Diasammlung entstand und diese ist Grundlage für spezielle Referate. Einige Sendungen im Rundfunk und sehr viele Diavorträge wurden in der Folge von ihm gestaltet. Damit übertrug er seine Begeisterung an die vielen interessierten Naturliebhaber und animierte sie zum Bau von Zier-, Garten- und Badeteichen.

1987 wurde im Landesstudio Steiermark des ORF (Österreichischer Rundfunk/Fernsehen) ein bedeutendes Symposion zum 90-jährigen Vereinsjubiläum von ihm mitgestaltet und organisiert. Einer der Höhepunkte dieser Veranstaltung war ein Teich im Foyer des Hauses.

Seit 1989 beschäftigt sich der Autor intensiv mit der Gestaltung von Badeteichen. In diesem Jahr errichtete er auf ungewöhnliche Weise seinen eigenen Schwimmteich und erwarb somit – neben theoretischen Überlegungen – auch umfangreiche praktische Erfahrungen. Von Beruf Bautechniker, ist für ihn die Planung und Gestaltung von Garten- und Badeteichen eine abwechslungsreiche und herausfordernde Tätigkeit. Der naturschützende und biotopschaffende Aspekt dieser Arbeit ist für ihn weiterhin ein wesentlicher Teil seines Lebens.

Teich im Foyer des ORF, Landesstudio Steiermark.

Register

Register